D1785538

Indice

Alice nel Paese delle Meraviglie - Alice in Wonderland

Italiano Inglese - Testo parallelo - in colonne verticali parallele fianco a fianco

by

Lewis Carroll

Tradotte dall'Inglese da T. Pietrcòla-Rossetti

Impressum:

Englisches Original: Lewis Carroll

Italienische Übersetzung: T. Pietrcòla-Rossetti

Der Originaltext und die Übersetzung sind gemeinfrei. Die Rechte für die synchronisierte zweisprachigen Ausgabe liegen bei:

Beate Ziebell, Schillerstr.94, 15738 Zeuthen

forum-sprachen-lernen.com

info@forum-sprachen-lernen.com

Herstellung und Druck: Siehe Eindruck auf der letzten Seite

ISBN-13: 978-1519675682

ISBN-10: 1519675682

Umschlaggestaltung: Beate Ziebell

CAPITOLO I – CHAPTER I

GIÙ NELLA CONIGLIERA – Down the Rabbit-Hole

Alice cominciava a sentirsi annoiata a morte a stare seduta sullo sgabello, accanto a sua sorella, senza far nulla:

una o due volte aveva gettato lo sguardo sul libro che leggeva sua sorella, ma non c'erano immagini né dialoghi. "A che serve un libro", pensò Alice, "senza immagini né dialoghi?"

Andava fantasticando col suo cervello (come meglio poteva, visto che la giornata calda l'aveva stancata e rintontita),

quando il piacere di fare una ghirlanda di margherite valesse la pena di levarsi su, e cogliere i fiori, quand'ecco un Coniglio bianco con gli occhi di rubino le passò da vicino.

Davvero non c'era TROPPO da meravigliarsi di ciò, né Alice pensò che fosse cosa TROPPO stravagante sentir parlare il Coniglio, il quale diceva fra se e sé "Ohimè!

Ohimè

ho fatto tardi!"

(quando se lo rammentò in seguito s'accorse che avrebbe dovuto meravigliarsene, ma allora le sembrò una cosa assai naturale):

ma quando il Coniglio TRASSE UN OROLOGIO DAL TASCHINO DEL PANCIOTTO, vi fissò gli occhi e scappò via, Alice saltò in piedi, perché le era venuto in mente di non aver mai visto un Coniglio col panciotto e il suo rispettivo taschino, né con un orologio dentro,

e divorata dalla curiosità, attraversò il

Alice was beginning to get very tired of sitting by her sister on the bank, and of having nothing to do:

once or twice she had peeped into the book her sister was reading, but it had no pictures or conversations in it, 'and what is the use of a book,' thought Alice 'without pictures or conversations?'

So she was considering in her own mind (as well as she could, for the hot day made her feel very sleepy and stupid),

whether the pleasure of making a daisy-chain would be worth the trouble of getting up and picking the daisies, when suddenly a White Rabbit with pink eyes ran close by her.

There was nothing so VERY remarkable in that; nor did Alice think it so VERY much out of the way to hear the Rabbit say to itself, 'Oh dear!

Oh dear!

I shall be late!'

(when she thought it over afterwards, it occurred to her that she ought to have wondered at this, but at the time it all seemed quite natural);

but when the Rabbit actually TOOK A WATCH OUT OF ITS WAISTCOAT-POCKET, and looked at it, and then hurried on, Alice started to her feet, for it flashed across her mind that she had never before seen a rabbit with either a waistcoat-pocket, or a watch to take out of it,

and burning with curiosity, she ran

campo correndogli appresso, e giunse proprio a tempo per vederlo slanciarsi in una spaziosa conigliera, sotto alla siepe.

across the field after it, and fortunately was just in time to see it pop down a large rabbit-hole under the hedge.

In un istante, Alice scivolò giù, correndogli appresso, senza fermarsi a riflettere su come avrebbe fatto per riuscirne fuori.

In another moment down went Alice after it, never once considering how in the world she was to get out again.

La buca della conigliera sfilava diritto come una galleria di tunnel, e poi s'inabissava tanto rapidamente che Alice non ebbe un solo istante per considerare se avesse potuto fermarsi, poiché si sentiva cader giù rotoloni in un precipizio che rassomigliava a un pozzo profondissimo.

The rabbit-hole went straight on like a tunnel for some way, and then dipped suddenly down, so suddenly that Alice had not a moment to think about stopping herself before she found herself falling down a very deep well.

Una delle due, o il pozzo era arci-profondo, o lei vi ruzzolava assai adagio, poiché ebbe tempo, mentre cadeva, di guardare tutto intorno, e si stupiva pensando a ciò che sarebbe successo poi.

Either the well was very deep, or she fell very slowly, for she had plenty of time as she went down to look about her and to wonder what was going to happen next.

Prima di tutto aguzzò la vista e cercò di vedere nel fondo per scoprire ciò che le accadrebbe, ma gli era buio e non ci si vedeva nulla:

First, she tried to look down and make out what she was coming to, but it was too dark to see anything;

quindi guardò alle pareti del pozzo ed osservò ch'erano ricoperte di credenze e di scaffali di libri; qua e là vide mappe e quadri che pendevano da chiodi.

then she looked at the sides of the well, and noticed that they were filled with cupboards and book-shelves; here and there she saw maps and pictures hung upon pegs.

Andando giù prese al volo un vasettino che aveva un cartello, lo lesse: "CONSERVA D'ARANCE," ma Ohimè! era vuoto e restò delusa:

She took down a jar from one of the shelves as she passed; it was labelled 'ORANGE MARMALADE', but to her great disappointment it was empty:

non volle lasciar cadere il vasettino per non ammazzare chi era in fondo, e andando sempre giù lo depose in un'altra credenza.

she did not like to drop the jar for fear of killing somebody, so managed to put it into one of the cupboards as she fell past it.

"Bene,"

Well!'

pensò Alice, "dopo una caduta tale, mi parrà proprio un niente il ruzzolare per le scale!

thought Alice to herself, 'after such a fall as this, I shall think nothing of tumbling down stairs!

A casa poi, come mi crederanno

How brave they'll all think me at home!

coraggiosa!

D'ora innanzi, quando cadrò dal tetto, non ne farei caso!"

(E probabilmente dice la verità.)

E giù--e giù--e giù!

Finirà MAI quella caduta?

"Chi sa quante miglia ho percorso a quest'ora?"

esclamò.

"Davvero io sto per toccare il centro della terra.

Vediamo: suppongo che saranno quattrocento miglia di profondità--

" (come vedete, Alice aveva imparate molte di tali cose nelle sue lezioni, ma non era quella la migliore occasione per fare sfoggio della sua erudizione, poiché non c'era niuno che l'ascoltasse, ciò non di meno era bene di ripassarle a mente)

"sì, la sarà questa la vera distanza, o pressappoco--ma vorrei sapere a quale grado di Latitudine o di Longitudine io sia giunta!"

(Alice non sapeva mica che fosse Longitudine o Latitudine, ma pensò ch'erano belle parolone a dire, e le disse!)

Passò qualche istante e poi rincominciò.

"Che stia ATTRAVERSANDO la terra?

Sarebbe bella s'io uscissi fra le genti che camminano col capo in giù!

Credo che si chiamino le Antipatie--" (questa volta fu contenta che non ci fosse niuno che l'ascoltasse, perché quel nome non le suonava giusto all'orecchio) "–

ma domanderò loro che nome abbia quel paese.

Di grazia, Signora, è questa la Nuova

Why, I wouldn't say anything about it, even if I fell off the top of the house!'

(Which was very likely true.)

Down, down, down.

Would the fall NEVER come to an end!

I wonder how many miles I've fallen by this time?'

she said aloud.

I must be getting somewhere near the centre of the earth.

Let me see: that would be four thousand miles down, I think--'

(for, you see, Alice had learnt several things of this sort in her lessons in the schoolroom, and though this was not a VERY good opportunity for showing off her knowledge, as there was no one to listen to her, still it was good practice to say it over) '

--yes, that's about the right distance--but then I wonder what Latitude or Longitude I've got to?'

(Alice had no idea what Latitude was, or Longitude either, but thought they were nice grand words to say.)

Presently she began again.

I wonder if I shall fall right THROUGH the earth!

How funny it'll seem to come out among the people that walk with their heads downward!

The Antipathies, I think--' (she was rather glad there WAS no one listening, this time, as it didn't sound at all the right word) '–

but I shall have to ask them what the name of the country is, you know.

Please, Ma'am, is this New Zealand or

Zelanda? o l'Australia?"

(e cercò di fare una riverenza mentre parlava--figuratevi, FAR RIVERENZA mentre si casca giù a precipizio!

Dite, potreste farla voi?)

"Ma se farò una tale domanda mi crederanno una sciocca.

No, non la farò: forse troverò scritto il nome in qualche parte colaggiù."

E giù--e giù--e giù!

Non avendo nulla da fare, Alice rincominciò a cinguettare.

"Dina mi cercherà stanotte!"

(Dina era il nome della gatta).

"Spero che si ricorderanno di darle il suo piattino di latte quando prenderanno il tè.

Cara Dina mia!

Vorrei che tu fossi con me quaggiù!

Non vi son sorci nell'aria, ma sai, tu potresti afferrare un pipistrello che è simile al sorcio.

Ma che! i gatti mangiano i pipistrelli?"

E qui Alice cominciò a sonnecchiare e fra il sonno e la veglia continuò a ruminare fra' denti, "I gatti mangiano i pipistrelli?

I gatti mangiano i pipistrelli?"

E talvolta, "I pipistrelli mangiano i gatti?"

perché, vedete, non potendo rispondere a nessuna delle due questioni, non le importava se invertiva il senso di esse.

Sonnecchiava di già, e proprio allora cominciava a sognare che se ne andava a braccetto con Dina e che le diceva con faccia austera: "Dina, dimmi la verità: hai tu mai mangiato un pipistrello?"

quando, tonfete!

Australia?'

(and she tried to curtsey as she spoke-- fancy CURTSEYING as you're falling through the air!

Do you think you could manage it?)

And what an ignorant little girl she'll think me for asking!

No, it'll never do to ask: perhaps I shall see it written up somewhere.'

Down, down, down.

There was nothing else to do, so Alice soon began talking again.

Dinah'll miss me very much to-night, I should think!'

(Dinah was the cat.)

I hope they'll remember her saucer of milk at tea-time.

Dinah my dear!

I wish you were down here with me!

There are no mice in the air, I'm afraid, but you might catch a bat, and that's very like a mouse, you know.

But do cats eat bats, I wonder?'

And here Alice began to get rather sleepy, and went on saying to herself, in a dreamy sort of way, 'Do cats eat bats?

Do cats eat bats?'

and sometimes, 'Do bats eat cats?'

for, you see, as she couldn't answer either question, it didn't much matter which way she put it.

She felt that she was dozing off, and had just begun to dream that she was walking hand in hand with Dinah, and saying to her very earnestly, 'Now, Dinah, tell me the truth: did you ever eat a bat?'

when suddenly, thump!

cascò d'un sopra un mucchio di ramoscelli e foglie secche, e la caduta finì.

Alice non si fece male e saltò in piedi lesta e pronta: guardò in alto, non era affatto buio:

davanti a lei sfilava un lungo corridoio percorso dal Coniglio bianco ch'era sempre in vista.

Non c'era tempo da perdere: Alice, come se avesse le ali, gli corse appresso, e sentì che esclamava, mentre svoltava a una cantonata,--"Oh caspita! E' tardi davvero!"

Stava lì lì per raggiungerlo, ma appena passò l'angolo il Coniglio non si vide più;

ed ella si trovò in una sala lunga e bassa, illuminata da una fila di lampade che pendevano dalla volta.

V'erano porte tutt'intorno alla sala, ma erano tutte serrate,

e dopo che Alice andò su e giù provando tutti gli usci per vedere se fosse possibile d'aprirne qualcheduno ma sempre inutilmente, si mise a camminar mestamente nel mezzo della sala, pensando come mai avrebbe potuto riuscirne fuori.

Tutt'a un tratto capitò vicina a un piccolo tavolino di cristallo solido e sorretto da tre piedi:

non c'era altro su d'esso che una chiavetta d'oro: or la prima idea ch'ebbe Alice fu che quella potesse aprire uno degli usci della sala; e provò--

ma Ohimè!

o le toppe erano troppo grandi, o la chiavetta era troppo piccola; ma comunque fosse, non potette aprirne alcuno.

Ciò non di meno, avendo fatto un

thump! down she came upon a heap of sticks and dry leaves, and the fall was over.

Alice was not a bit hurt, and she jumped up on to her feet in a moment: she looked up, but it was all dark overhead;

before her was another long passage, and the White Rabbit was still in sight, hurrying down it.

There was not a moment to be lost: away went Alice like the wind, and was just in time to hear it say, as it turned a corner, 'Oh my ears and whiskers, how late it's getting!'

She was close behind it when she turned the corner, but the Rabbit was no longer to be seen:

she found herself in a long, low hall, which was lit up by a row of lamps hanging from the roof.

There were doors all round the hall, but they were all locked;

and when Alice had been all the way down one side and up the other, trying every door, she walked sadly down the middle, wondering how she was ever to get out again.

Suddenly she came upon a little three-legged table, all made of solid glass;

there was nothing on it except a tiny golden key, and Alice's first thought was that it might belong to one of the doors of the hall;

but, alas!

either the locks were too large, or the key was too small, but at any rate it would not open any of them.

However, on the second time round, she

secondo giro nella sala, capitò davanti a una tenda bassa che non aveva osservato prima, e dietro ad essa v'era un piccolo uscio, alto quindici pollici o giù di lì:

provò la chiavetta d'oro se andasse alla toppa, e con molta allegrezza vide che c'entrava per l'appuntino!

Alice aprì l'uscio e vide che dava a un piccolo corridoio, largo quanto una buca da topi:

s'inginocchiò, e vide al di là del corridoio il più bel giardino del mondo. Oh!

quanto desiderò d'uscir fuori da quella sala buia per correre su quei' prati di fiori risplendenti, e lungo le chiare e fresche acque delle fontane, ma non l'era dato neppure di cacciare il capo fuori della buca;

"e ancorché il mio capo potesse passarvi," pensò la povera Alice, "mi servirebbe poco senza farci passare anche le spalle.

Oh quanto bramerei rimpicciolirmi come un telescopio!

Credo che potrei farlo, se sapessi soltanto da dove cominciare."

poiché essendo ultimamente accadute tante cose straordinarie, Alice aveva cominciato a persuadersi che poche fossero le cose veramente impossibili.

Era proprio tempo perso star lì piantata davanti all'usciolino, perciò Alice ritornò verso la tavola con una mezza speranza di potervi trovare sopra un'altra chiave, o almeno un libro il quale insegnasse alla gente a riserrarsi come un cannocchiale:

questa volta vi trovò un'ampolla,

("e certo non c'era prima," disse Alice,) e aveva attaccato al collo un cartello sul quale a lettere di scatola era

came upon a low curtain she had not noticed before, and behind it was a little door about fifteen inches high:

she tried the little golden key in the lock, and to her great delight it fitted!

Alice opened the door and found that it led into a small passage, not much larger than a rat-hole:

she knelt down and looked along the passage into the loveliest garden you ever saw.

How she longed to get out of that dark hall, and wander about among those beds of bright flowers and those cool fountains, but she could not even get her head through the doorway;

and even if my head would go through,' thought poor Alice, 'it would be of very little use without my shoulders.

Oh, how I wish I could shut up like a telescope!

I think I could, if I only knew how to begin.'

For, you see, so many out-of-the-way things had happened lately, that Alice had begun to think that very few things indeed were really impossible.

There seemed to be no use in waiting by the little door, so she went back to the table, half hoping she might find another key on it, or at any rate a book of rules for shutting people up like telescopes:

this time she found a little bottle on it,

('which certainly was not here before,' said Alice,) and round the neck of the bottle was a paper label, with the words

magnificamente scritta questa parola "BEVI."

Va benissimo il dire "Bevi," ma Alice ch'era una ragazzina prudente, lì per lì non volle bere.

"No, voglio prima vedere se c'è scritto 'veleno;'"

poiché ella aveva letto molte belle novellette sopra ragazzi ch'erano stati abbruciati, e mangiati vivi da bestie feroci, e cose somiglianti,

e tutto ciò perché non VOLLERO ricordarsi della prudenza ch'era stata loro insegnata in casi simili; come per esempio, non maneggiare le molle infocate perché scottano; se col coltello ti fai sul dito un taglio MOLTO profondo, certo ne uscirà sangue;

ed ella non aveva dimenticato quell'altro avvertimento, se tu bevi smodatamente d'una bottiglia che ha l'iscrizione "veleno," presto o tardi ti farà male.

Ciò non di meno quell'ampolla NON aveva l'iscrizione "veleno," perciò Alice si avventurò di assaggiarne il contenuto, e trovandolo delizioso

(di fatto aveva un sapore misto di torta di ciliegie, di crema, d'ananasso, di tacchino arrosto, di torrone, e di crostini burrata), lo vuotò tutto d'un fiato.

"Che curiosa sensazione!"

disse Alice: "mi va ristringendo come un cannocchiale!"

Ed era proprio così: non aveva più che dieci pollici d'altezza, e il suo bel visino s'illuminò di gioia pensando che finalmente era giunta alla giusta statura per traversare l'usciolino, ed entrare nel bel giardino.

Prima aspettò qualche minuto per vedere se rimpicciolisse di più;

è vero che provò una certa ansietà su

'DRINK ME' beautifully printed on it in large letters.

It was all very well to say 'Drink me,' but the wise little Alice was not going to do THAT in a hurry.

No, I'll look first,' she said, 'and see whether it's marked "poison" or not';

for she had read several nice little histories about children who had got burnt, and eaten up by wild beasts and other unpleasant things,

all because they WOULD not remember the simple rules their friends had taught them: such as, that a red-hot poker will burn you if you hold it too long; and that if you cut your finger VERY deeply with a knife, it usually bleeds;

and she had never forgotten that, if you drink much from a bottle marked 'poison,' it is almost certain to disagree with you, sooner or later.

However, this bottle was NOT marked 'poison,' so Alice ventured to taste it, and finding it very nice,

(it had, in fact, a sort of mixed flavour of cherry-tart, custard, pine-apple, roast turkey, toffee, and hot buttered toast,) she very soon finished it off.

What a curious feeling!'

said Alice; 'I must be shutting up like a telescope.'

And so it was indeed: she was now only ten inches high, and her face brightened up at the thought that she was now the right size for going through the little door into that lovely garden.

First, however, she waited for a few minutes to see if she was going to shrink any further:

she felt a little nervous about this; 'for it

quel mutamento; "perché, sapete, potrei rimpicciolirmi tanto da sparire affatto come una candela," disse Alice.

"A chi assomiglierei allora?"

E cercò di farsi un'idea dell'apparenza della fiamma d'una candela smorzata, poiché non poteva nemmeno ricordarsi se mai avesse veduta una cosa simile!

E scorsero alcuni momenti, e vedendo che nulla di nuovo le accadeva, si accinse ad entrare nel giardino;

ma--povera Alice!--

quando fu all'uscio, si accorse che aveva dimenticata la chiavetta d'oro,

e quando si rivolse verso la tavola dove l'aveva lasciata, vide che non poteva più arrivarci:

essa la vedeva chiaramente a traverso del cristallo, e fece ogni sforzo possibile per arrampicarsi ad uno de' piedi della tavola e montar su, ma gli era troppo sdrucciolevole; e dopo essersi affaticata invano per vincere quella difficoltà, la poverina si sedette e pianse.

"Suvvia! Non vale la pena abbandonarsi al pianto!"

disse Alice a se stessa; "io ti consiglio invece, o Signorina, di smetter subito quel piagnucolare!"

Generalmente ella dava a se stessa dei buoni consigli (benché raramente poi li seguisse), e talvolta si rimproverava tanto severamente che le lagrime le scorrevano per le gote;

e si rammentò che una volta stava lì lì per schiaffeggiarsi perché s'era truffata in una partita di croquet che giocava contro a sé medesima, che questa straordinaria bimba trovava piacere a fingersi di essere due persone.

"Ma ora è inutile voler credermi due persone," pensò la povera Alice,

"me ne resta appena tanto per comporne

might end, you know,' said Alice to herself, 'in my going out altogether, like a candle.

I wonder what I should be like then?'

And she tried to fancy what the flame of a candle is like after the candle is blown out, for she could not remember ever having seen such a thing.

After a while, finding that nothing more happened, she decided on going into the garden at once;

but, alas for poor Alice!

when she got to the door, she found she had forgotten the little golden key,

and when she went back to the table for it, she found she could not possibly reach it:

she could see it quite plainly through the glass, and she tried her best to climb up one of the legs of the table, but it was too slippery; and when she had tired herself out with trying, the poor little thing sat down and cried.

Come, there's no use in crying like that!'

said Alice to herself, rather sharply; 'I advise you to leave off this minute!'

She generally gave herself very good advice, (though she very seldom followed it), and sometimes she scolded herself so severely as to bring tears into her eyes;

and once she remembered trying to box her own ears for having cheated herself in a game of croquet she was playing against herself, for this curious child was very fond of pretending to be two people.

But it's no use now,' thought poor Alice, 'to pretend to be two people!

Why, there's hardly enough of me left to

una!".

make ONE respectable person!'

Ed ecco, le cadde sott'occhio una cassettina di cristallo che giaceva sotto la tavola: l'aprì, e vi trovò dentro un piccolo pasticcino, sul quale, con uva di Corinto, era scritto in belli caratteri "MANGIAMI."

Soon her eye fell on a little glass box that was lying under the table: she opened it, and found in it a very small cake, on which the words 'EAT ME' were beautifully marked in currants.

"Bene! lo mangerò," disse Alice, "e se mi farà crescere di molto, giungerò ad afferrare la chiavetta, e se mi farà rimpicciolire mi striscerò sotto l'uscio:

Well, I'll eat it,' said Alice, 'and if it makes me grow larger, I can reach the key; and if it makes me grow smaller, I can creep under the door;

così in un modo o in un altro entrerò nel giardino, e poi, sarà quel che sarà!"

so either way I'll get into the garden, and I don't care which happens!'

Ne mangiò un bocconcino, e mettendosi la mano sul capo, esclamò ansiosamente: "In qual modo? In qual modo?"

She ate a little bit, and said anxiously to herself, 'Which way? Which way?

mantenne la mano sopra la testa per vedere in quale modo si mutava, ma resto molto sorpresa nel vedersi della stessa statura:

, holding her hand on the top of her head to feel which way it was growing, and she was quite surprised to find that she remained the same size:

certo, così accade a tutti coloro che mangiano pasticcini, ma Alice s'era tanto abituata a veder cose straordinarie, che le sembrava una cosa stupida e sciocca quella di crescere, come si cresce generalmente.

to be sure, this generally happens when one eats cake, but Alice had got so much into the way of expecting nothing but out-of-the-way things to happen, that it seemed quite dull and stupid for life to go on in the common way.

E tornò alla bisogna, e in pochi istanti ingoiò tutto il pasticcio.

So she set to work, and very soon finished off the cake.

CAPITOLO II – CHAPTER II

LO STAGNO DI LAGRIME – The Pool of Tears

"Curiosissimo e sempre più curiosissimo!"

'Curiouser and curiouser!'

gridò Alice

cried Alice

(era tanta la sua sorpresa che non sapeva più parlar correttamente la sua lingua);

(she was so much surprised, that for the moment she quite forgot how to speak good English);

"mi sto allungando come un cannocchiale, e il più lungo che vi sia mai stato!

'now I'm opening out like the largest telescope that ever was!

Addio piedi!"

Good-bye, feet!'

(perché appena guardò giù ai suoi piedi le sembrò che li avesse quasi perduti di vista, tanto erano lontani).

(for when she looked down at her feet, they seemed to be almost out of sight, they were getting so far off).

"Oh i miei poveri piedini!

Oh, my poor little feet,

chi mai in terra v'infilerà le calze, e vi metterà le scarpettine?

I wonder who will put on your shoes and stockings for you now, dears?

Davvero IO non potrò farlo più!

I'm sure I shan't be able!

Oramai sarò tanto lontano da voi, che certo io non mi prenderò più briga di voi altri:

I shall be a great deal too far off to trouble myself about you:

bisogna che vi accomodiate alla meglio;--eppure bisognerebbe ch'io li trattassi bene," pensò Alice, "se no, non vorranno andare per la via ch'io vorrei battere!

you must manage the best way you can;--but I must be kind to them,' thought Alice, 'or perhaps they won't walk the way I want to go!

Vediamo un po': ogni anno a Natale darò loro un bel paio di stivaletti."

Let me see: I'll give them a new pair of boots every Christmas.'

E andava pianificando col cervello su come avrebbe fatto.

And she went on planning to herself how she would manage it.

"Glieli manderò col corriere," pensò la bimba; "ma gli è davvero strano il mandar regali ai propri piedi!

They must go by the carrier,' she thought; 'and how funny it'll seem, sending presents to one's own feet!

E quanto sarà curioso l'indirizzo!

And how odd the directions will look!

Al Signor Piè destro d'Alice, Tappeto, Presso il parafuoco, (coi saluti d'Alice).

ALICE'S RIGHT FOOT, ESQ. HEARTHRUG, NEAR THE FENDER, (WITH ALICE'S LOVE).

Oh Cara! quante sciocchezze vo

Oh dear, what nonsense I'm talking!'

dicendo!"

Giusto allora il suo capo urtò contro la volta della sala: aveva più di nove piedi d'altezza!

Subito adunghiò la chiavetta d'oro, e via, verso l'uscio del giardino.

Povera Alice!

Tutto quello che poteva fare consisteva nel giacere, appoggiando il fianco per guardare il giardino con la coda d'un occhio; ma il penetrarvi dentro era diventato più difficile che mai:

sedette dunque, e si rimise a piangere.

"Ti dovresti vergognare," disse Alice, "figurati, una gran ragazzona come te" (e davvero lo poteva dire allora) "fare la piagnolosa!

Smetti subito ti dico!"

Ma pure continuò, versando lagrime a secchi, finché formò uno stagno intorno a lei di quasi quattro pollici d'altezza, e che giungeva a metà della sala.

Qualche istante dopo sentì in lontananza come uno scalpiccio; subito si forbì gli occhi per vedere chi fosse.

Era il Coniglio bianco che ritornava, splendidamente vestito, con un paio di guanti bianchi in una mano, e un gran ventaglio nell'altra:

veniva trottando frettolosamente, e mormorando fra se stesso, "Oh!

la Duchessa, la Duchessa!

Se n'andrà sulle furie perché l'ho fatta aspettare!"

Alice era tanto fuori di sé che avrebbe chiesto soccorso a chiunque le fosse capitato: così quando il Coniglio le fu vicino, gli disse con voce tremula e sommessa,

"Di grazia, Signore--." Il Coniglio trasalì, gli caddero a terra i guanti e il ventaglio, e in mezzo a quella tenebria

Just then her head struck against the roof of the hall: in fact she was now more than nine feet high,

and she at once took up the little golden key and hurried off to the garden door.

Poor Alice!

It was as much as she could do, lying down on one side, to look through into the garden with one eye; but to get through was more hopeless than ever:

she sat down and began to cry again.

You ought to be ashamed of yourself,' said Alice, 'a great girl like you,' (she might well say this), 'to go on crying in this way!

Stop this moment, I tell you!'

But she went on all the same, shedding gallons of tears, until there was a large pool all round her, about four inches deep and reaching half down the hall.

After a time she heard a little pattering of feet in the distance, and she hastily dried her eyes to see what was coming.

It was the White Rabbit returning, splendidly dressed, with a pair of white kid gloves in one hand and a large fan in the other:

he came trotting along in a great hurry, muttering to himself as he came, 'Oh!

the Duchess, the Duchess!

Oh! won't she be savage if I've kept her waiting!'

Alice felt so desperate that she was ready to ask help of any one; so, when the Rabbit came near her, she began, in a low, timid voice,

If you please, sir--' The Rabbit started violently, dropped the white kid gloves and the fan, and skurried away into the

si mise a correre di traverso come se avesse le ali alle zampe.

Alice raccattò il ventaglio e i guanti, e perché la sala pareva una stufaiola si rinfrescò sventolandosi e parlando fra sé: "Povera me!

Come ogni cosa è strana quest'oggi!

Eppure ieri le cose andavano come al solito.

Non mi sorprenderebbe se stanotte fossi stata scambiata!

Vediamo: non ero io, io stessa che mi levai questa mattina?

Mi pare di rammentarmi che mi trovai un poco diversa.

Ma se non sono la stessa dovrò domandarmi: Chi mai sarò io?

Ah! qui STA l'imbroglio!"

E ripensò a tutte le ragazze che conosceva, e che erano dell'età sua, per vedere se per caso fosse stata trasformata in una di quelle.

"Certo io non sono Ada," disse, "perché i suoi capelli sono intrecciati, e i miei non lo sono; certo non sono Isabella, poiché io so tante belle cose,

e quella poverina sa tanto poco!

E poi ISABELLA È ISABELLA, ed io sono io. Caspita! che imbroglio è questo!

Proviamo se io mi rammento tutte le cose che sapeva una volta:

quattro volte cinque fanno dodici, e quattro volte sei fanno tredici, e quattro volte sette fanno--Ohimè!

Se vado di questo passo non giungerò mai a venti!

Del resto la Tavola Aritmetica non significa nulla: proviamo la Geografia:

Londra è la capitale di Parigi, e Parigi è la capitale di Roma, e Roma----, no, ho

darkness as hard as he could go.

Alice took up the fan and gloves, and, as the hall was very hot, she kept fanning herself all the time she went on talking: 'Dear, dear!

How queer everything is to-day!

And yesterday things went on just as usual.

I wonder if I've been changed in the night?

Let me think: was I the same when I got up this morning?

I almost think I can remember feeling a little different.

But if I'm not the same, the next question is, Who in the world am I?

Ah, THAT'S the great puzzle!'

And she began thinking over all the children she knew that were of the same age as herself, to see if she could have been changed for any of them.

I'm sure I'm not Ada,' she said, 'for her hair goes in such long ringlets, and mine doesn't go in ringlets at all; and I'm sure I can't be Mabel, for I know all sorts of things, and she, oh!

she knows such a very little!

Besides, SHE'S she, and I'm I, and--oh dear, how puzzling it all is!

I'll try if I know all the things I used to know.

Let me see: four times five is twelve, and four times six is thirteen, and four times seven is--oh dear!

I shall never get to twenty at that rate!

However, the Multiplication Table doesn't signify: let's try Geography.

London is the capital of Paris, and Paris is the capital of Rome, and Rome--no,

sbagliato tutto!

Davvero mi devo essere stata trasformata in Isabella!

Proverò a ripetere 'Rondinella pellegrina;'" e si mise le mani conserte al petto come se stesse per ripetere le lezioni, e cominciò a recitare quella Romanza, ma la sua voce suonava rauca e strana, e le parole non le uscivano dalle labbra come una volta:

-- "'_Rondinella porporina
Che ti posi sul loggione
Raccattando ogni mattina
La zanzara ed il moscone,

Li vuoi friggere in padella Porporina Rondinella?_'" "Scommetto che le vere parole della Romanza non son queste," disse la povera Alice, e le ritornarono i lucciconi agli occhi.

"Insomma," continuò a dire, "io devo essere Isabella, e dovrò andare a vivere in quella casuccia, e non aver quasi più giocattoli,

e tante lezioni da imparare!

Ma se sono Isabella, caschi pure il mondo, io resterò qui!

Inutilmente, signori miei, caccerete la testa dal soffitto per dirmi 'Carina, vieni su!'

Io alzerò soltanto gli occhi, e dirò loro, 'Chi son io?

Ditemelo prima, e se sarò quella che voi cercate, verrò su; se no resterò qui inchiodata sino a che sarò qualche un'altra'--ma, Ohimè!"

esclamò Alice, versando un fiume di lagrime. "VORREI che mettessero fuori la testa!

Son TANTO stanca d'esser qui, sola!"

THAT'S all wrong, I'm certain! I must have been changed for Mabel!

I'll try and say "How doth the little--'" and she crossed her hands on her lap as if she were saying lessons, and began to repeat it, but her voice sounded hoarse and strange, and the words did not come the same as they used to do:--

How doth the little crocodile
Improve his shining tail,
And pour the waters of the Nile
On every golden scale!

How cheerfully he seems to grin,
How neatly spread his claws,
And welcome little fishes in
With gently smiling jaws!'

I'm sure those are not the right words,' said poor Alice, and her eyes filled with tears again as she went on, 'I must be Mabel after all, and I shall have to go and live in that poky little house, and have next to no toys to play with, and oh!

ever so many lessons to learn!

No, I've made up my mind about it; if I'm Mabel, I'll stay down here!

It'll be no use their putting their heads down and saying "Come up again, dear!"

I shall only look up and say "Who am I then?

Tell me that first, and then, if I like being that person, I'll come up: if not, I'll stay down here till I'm somebody else"--but, oh dear!'

cried Alice, with a sudden burst of tears, 'I do wish they WOULD put their heads down!

I am so VERY tired of being all alone here!'

E si guardò le mani, e si meravigliò vedendo che mentre parlava fra se stessa aveva infilato uno de' guanti bianchi che il Coniglio aveva lasciati cadere.

"Come mai ho POTUTO far ciò?" disse.

"Forse sono ridiventata piccina."

Si alzò per avvicinarsi alla tavola per misurarsi con quella,--osservò che, per quanto le pareva, era ridotta a circa due piedi d'altezza e che andava impiccolendosi rapidamente: indovinò che la causa di questa nuova trasformazione era il ventaglio che aveva in mano, e subito lo buttò a terra,--e fu proprio a tempo, altrimenti assottigliava tanto da sparire totalmente.

"L'ho scampata bella!"

disse Alice tutta impaurita da quel subitaneo mutamento, ma lieta, però perché esisteva ancora; "ed ora andiamo al giardino!"

e rivolse sollecitamente i passi verso l'usciolino; ma ahi!

l'usciolino era chiuso, e la chiavetta d'oro era sulla tavola come prima; "le cose vanno proprio alla peggio" pensò la derelitta fanciulla, "non sono stata mai tanto piccina!

E protesto che tutto ciò è un brutto affare, ma brutto assai!"

Mentre diceva queste parole, sdrucciolò, e zaffete!

cascò sino al mento nell'acqua salata.

Dapprima credette esser caduta nel mare, "e in tal caso potrò tornare a casa per la ferrovia," disse fra sé.

(Alice era stata una volta sola ai bagni di mare, d'allora in poi s'immaginò che dovunque si va, verso la spiaggia, trovarsi casotti da bagni lungo il mare, ragazzi che zappano l'arena con le vanghe di legno, poi una fila di case

As she said this she looked down at her hands, and was surprised to see that she had put on one of the Rabbit's little white kid gloves while she was talking.

How CAN I have done that?' she thought.

I must be growing small again.'

She got up and went to the table to measure herself by it, and found that, as nearly as she could guess, she was now about two feet high, and was going on shrinking rapidly: she soon found out that the cause of this was the fan she was holding, and she dropped it hastily, just in time to avoid shrinking away altogether.

That WAS a narrow escape!'

said Alice, a good deal frightened at the sudden change, but very glad to find herself still in existence; 'and now for the garden!'

and she ran with all speed back to the little door: but, alas!

the little door was shut again, and the little golden key was lying on the glass table as before, 'and things are worse than ever,' thought the poor child, 'for I never was so small as this before, never!

And I declare it's too bad, that it is!'

As she said these words her foot slipped, and in another moment, splash! she was up to her chin in salt water.

Her first idea was that she had somehow fallen into the sea, 'and in that case I can go back by railway,' she said to herself.

(Alice had been to the seaside once in her life, and had come to the general conclusion, that wherever you go to on the English coast you find a number of bathing machines in the sea, some children digging in the sand with

mobiliate, e dietro ad esse una stazione del treno).

Ma subito si accorse ch'era caduta nello stagno delle lagrime che aveva versate quando aveva nove piedi d'altezza.

"Peccato ch'io abbia pianto tanto!"

disse Alice, nuotando, e cercando d'afferrar la riva. "Ora sì che sarò punita, affogando nelle mie proprie lagrime!

Questa SARÀ proprio una cosa strana!

Ma tutto è strano oggi."

E sentì qualche cosa che sguazzava nello stagno, si rivolse e credette vedere un elefante di mare o un ippopotamo, ma si rammentò ch'era assai piccina allora, e scoprì che altro non era che un sorcio, cascato come lei nello stagno.

Pensò Alice, "Forse farei bene di parlare a questo sorcio.

Ogni cosa è talmente straordinaria quaggiù che non mi stupirei se egli potesse parlare: ad ogni modo, proviamo."

E cominciò: "O Sorcio, sai tu la via per uscire da questo stagno? O Sorcio, io mi sento veramente stanca di nuotare qui!"

(Alice pensò che quello era il vero modo di parlare ad un sorcio: non aveva mai fatto una cosa simile prima, ma si rammentò d'aver letto nella Grammatica Latina di suo fratello, "Un Sorcio--di un Sorcio--a un Sorcio--un Sorcio--O Sorcio!")

Il Sorcio la guardò fissamente, la squadrò ben bene co' suoi piccoli occhietti, ma non rispose niente.

"Forse non intende la mia lingua," disse Alice; "scommetto ch'è un Sorcio

wooden spades, then a row of lodging houses, and behind them a railway station.)

However, she soon made out that she was in the pool of tears which she had wept when she was nine feet high.

I wish I hadn't cried so much!'

said Alice, as she swam about, trying to find her way out. 'I shall be punished for it now, I suppose, by being drowned in my own tears!

That WILL be a queer thing, to be sure!

However, everything is queer to-day.'

Just then she heard something splashing about in the pool a little way off, and she swam nearer to make out what it was: at first she thought it must be a walrus or hippopotamus, but then she remembered how small she was now, and she soon made out that it was only a mouse that had slipped in like herself.

Would it be of any use, now,' thought Alice, 'to speak to this mouse?

Everything is so out-of-the-way down here, that I should think very likely it can talk: at any rate, there's no harm in trying.'

So she began: 'O Mouse, do you know the way out of this pool? I am very tired of swimming about here, O Mouse!'

(Alice thought this must be the right way of speaking to a mouse: she had never done such a thing before, but she remembered having seen in her brother's Latin Grammar, 'A mouse--of a mouse--to a mouse--a mouse--O mouse!')

The Mouse looked at her rather inquisitively, and seemed to her to wink with one of its little eyes, but it said nothing.

Perhaps it doesn't understand English,' thought Alice; 'I daresay it's a French

Francese, venuto qui con Napoleone."

(Eh già! con tutte le sue cognizioni storiche, Alice non sapeva al giusto le date che citava.)

E rincominciò "Où est ma chatte?" era questa la prima frase che aveva trovata nel suo libriccino di Lingua Francese.

Il Sorcio fece un salto nell'acqua, e tremò a verghe.

"Le domando perdono!"

soggiunse subito Alice, avvedendosi d'avere scossi i nervi delicati della bestiolina.

"Aveva dimenticato che lei non ama i gatti."

"Amare i gatti, io!"

esclamò con voce acuta e rabbiosa.

"Amerebbe LEI i gatti, se fosse me?"

"Forse no," rispose Alice con voce carezzevole, "ma non si adiri, sa!

Eppure io vorrei farle vedere Dina, la gatta nostra; se la vedesse ne sarebbe innamorato pazzo.

Lei è una bestiolina tanto carina e chietina," e nuotando svogliatamente e parlando talvolta a se stessa, continuava Alice, "e fa le fusa per benino quando giace accoccolata presso al focolare, leccandosi le zampine e nettandosi la faccia--e l'è tanto soffice e soave alle carezze--e l'è proprio un paladino nell'afferrare i sorci--oh mi perdoni!"

esclamò di nuovo Alice perché questa volta il Sorcio aveva il pelo tutto arruffato, e sembrava offeso immensamente,

"Noi non ne parleremo più se ciò le incresce."

"No, davvero!"

mouse, come over with William the Conqueror.'

(For, with all her knowledge of history, Alice had no very clear notion how long ago anything had happened.)

So she began again: 'Ou est ma chatte?' which was the first sentence in her French lesson-book.

The Mouse gave a sudden leap out of the water, and seemed to quiver all over with fright.

Oh, I beg your pardon!'

cried Alice hastily, afraid that she had hurt the poor animal's feelings.

I quite forgot you didn't like cats.'

Not like cats!'

cried the Mouse, in a shrill, passionate voice.

Would YOU like cats if you were me?'

Well, perhaps not,' said Alice in a soothing tone: 'don't be angry about it.

And yet I wish I could show you our cat Dinah: I think you'd take a fancy to cats if you could only see her.

She is such a dear quiet thing,' Alice went on, half to herself, as she swam lazily about in the pool, 'and she sits purring so nicely by the fire, licking her paws and washing her face--and she is such a nice soft thing to nurse--and she's such a capital one for catching mice-- oh, I beg your pardon!'

cried Alice again, for this time the Mouse was bristling all over, and she felt certain it must be really offended.

We won't talk about her any more if you'd rather not.'

We indeed!'

gridò il Sorcio che aveva la tremarella sino alla punta della coda.

"Come se io volessi parlare dei gatti!

La nostra famiglia ODIÒ sempre i gatti; bestiacce schifose, volgari e basse!

Non mi faccia sentir più il nome loro!"

"No, davvero!"

rispose sollecitamente Alice, e mutando argomento, soggiunse.

"Dica, le piacciono forse le piacciono i cani?"

Il Sorcio non rispose, e Alice continuò così. "Vicino a casa nostra, c'è un bellissimo cagnolino, se lo vedesse!

È un cane bassotto con certi belli occhi luccicanti, e col pelo cenerino, arricciato e lungo!

Ei busca, benissimo le cose che gli si gettano, e siede sulle zampine di dietro per pitoccare il suo piccolo desinare, e fa tante altre belle cosettine--non potrei neppure rammentarne la metà--appartiene a un fattore, ed egli dice che la bestiolina vale proprio un Perù, perché gli è utile di molto,

e uccide tutti i topi, e--Ohimè!"

gridò Alice tutta sconsolata. "Temo d'averla offesa di nuovo!"

E davvero l'aveva offeso perché il Sorcio si allontanò nuotando furiosamente ed agitando le acque dello stagno.

Alice lo richiamò con un soave tuono di voce, "Sorcio caro,

ritorni pure, ed io le prometto che non parlerò più di gatti né di cani!"

A queste parole, il Sorcio si rivoltò indietro, nuotando lentamente verso di lei: la sua faccia era pallida (di rabbia, pensò Alice), e disse con voce

cried the Mouse, who was trembling down to the end of his tail.

As if I would talk on such a subject!

Our family always HATED cats: nasty, low, vulgar things!

Don't let me hear the name again!'

I won't indeed!'

said Alice, in a great hurry to change the subject of conversation.

Are you--are you fond--of--of dogs?'

The Mouse did not answer, so Alice went on eagerly: 'There is such a nice little dog near our house I should like to show you!

A little bright-eyed terrier, you know, with oh, such long curly brown hair!

And it'll fetch things when you throw them, and it'll sit up and beg for its dinner, and all sorts of things--I can't remember half of them--and it belongs to a farmer, you know, and he says it's so useful, it's worth a hundred pounds!

He says it kills all the rats and--oh dear!'

cried Alice in a sorrowful tone, 'I'm afraid I've offended it again!'

For the Mouse was swimming away from her as hard as it could go, and making quite a commotion in the pool as it went.

So she called softly after it, 'Mouse dear!

Do come back again, and we won't talk about cats or dogs either, if you don't like them!'

When the Mouse heard this, it turned round and swam slowly back to her: its face was quite pale (with passion, Alice thought), and it said in a low trembling

sommessa e tremante,

"Approdiamo alla spiaggia, e le racconterò la mia storia, allora lei capirà perché io detesti tanto i gatti e i cani."

Era proprio tempo d'uscir fuori, perché lo stagno si stava riempendo di uccelli e d'altri animali che v'erano caduti dentro: un'Anitra, un Dronte, un Lori, un Aquilotto, ed altre curiose bestioline.

Alice aprì la via, e tutti, nuotando, la seguirono alla spiaggia.

voice,

Let us get to the shore, and then I'll tell you my history, and you'll understand why it is I hate cats and dogs.'

It was high time to go, for the pool was getting quite crowded with the birds and animals that had fallen into it: there were a Duck and a Dodo, a Lory and an Eaglet, and several other curious creatures.

Alice led the way, and the whole party swam to the shore.

CAPITOLO III – CHAPTER III

LA GARA DI RIUNIONE E LA CODA LUNGA – A
Caucus-Race and a Long Tale

L'assemblea che si riunì alla spiaggia era oltremodo bizzarra--figuratevi, gli uccelli avevano le piume fradice, e gli altri animali avevano il pelo incollato ai loro piccoli corpi; e tutti erano inzuppati, grondanti acqua, tristi e malcontenti.

They were indeed a queer-looking party that assembled on the bank--the birds with draggled feathers, the animals with their fur clinging close to them, and all dripping wet, cross, and uncomfortable.

Naturalmente la prima questione che fu posta fu quella di sapere come si sarebbero asciugati: si consultarono insieme su questo argomento, e pochi minuti dopo Alice si mise a parlare familiarmente con loro, come se li conoscesse da un secolo.

The first question of course was, how to get dry again: they had a consultation about this, and after a few minutes it seemed quite natural to Alice to find herself talking familiarly with them, as if she had known them all her life.

Ebbe una lunga discussione con Lori, ma ben presto quest'ultimo le fece un viso arcigno, e disse perentoriamente, "Son più vecchio di lei, perciò devo saper più di lei;" ma Alice non volle convenirne se prima non le avesse detto quanti anni aveva. Il Lori non volle dirlo, e la loro conversazione cessò.

Indeed, she had quite a long argument with the Lory, who at last turned sulky, and would only say, 'I am older than you, and must know better'; and this Alice would not allow without knowing how old it was, and, as the Lory positively refused to tell its age, there was no more to be said.

Finalmente il Sorcio, che sembrava essere persona d'una certa autorità fra loro, gridò, "Si seggano signori, e mi ascoltino!

At last the Mouse, who seemed to be a person of authority among them, called out, 'Sit down, all of you, and listen to me!

IO seccherò tutti in pochi momenti!"

I'LL soon make you dry enough!'

Tutti sedettero, in circolo, col Sorcio in mezzo.

They all sat down at once, in a large ring, with the Mouse in the middle.

Alice gli affissò ansiosamente gli occhi in faccia, perché era sicura che se non si fosse presto rasciugata avrebbe guadagnata una infreddatura solenne.

Alice kept her eyes anxiously fixed on it, for she felt sure she would catch a bad cold if she did not get dry very soon.

"Hm!"

Ahem!'

disse il Sorcio con aria autorevole, "sono tutti all'ordine?

said the Mouse with an important air, 'are you all ready?

Questa domanda è bastantemente secca,

This is the driest thing I know.

mi pare!

Silenzio tutti, di grazia!

Il Generale Oudinot che venne a restaurare il governo papale, fu presto secondato dal Re di Napoli, e dalle truppe della Regina di Spagna----'"

"Uff!"

fece il Lori, con un brivido.

"Scusi!"

disse il Sorcio tutto accigliato, ma con molta civiltà: "Diceva qualche cosa?"

"Le pare!"

rispose frettolosamente il Lori.

"Mi era parso di sì," soggiunse il Sorcio.--"Continuo dunque.

Il Re di Napoli e la Regina di Spagna, con Oudinot, sposarono la causa del Papa, ed anche il Granduca di Toscana trovò la cosa----'" "Trovò CHE COSA?"

disse l'Anitra.

"Trovò LA COSA," replicò vivamente il Sorcio: "ella sa che significa 'la cosa.'"

"So bene che significa 'la cosa' quando io trovo qualche cosa," rispose l'Anitra: "generalmente trovo un ranocchio o un verme.

Ora la questione sta 'nella cosa,' che cosa ha trovato il Granduca?"

Il Sorcio non gli badò e si affrettò ad andare innanzi, "--trovò la cosa ben fatta cioè di unirsi ad Oudinot, al Re di Napoli ed alla Regina di Spagna, per assistere il Papa e rimetterlo sul trono.

Nel principio il Papa usò moderazione ma la violenza dei suoi consiglieri----' Ebbene, carina, come si sente ora?"

disse, rivolgendosi ad Alice.

Silence all round, if you please!

"William the Conqueror, whose cause was favoured by the pope, was soon submitted to by the English, who wanted leaders, and had been of late much accustomed to usurpation and conquest.

Edwin and Morcar, the earls of Mercia and Northumbria--'" 'Ugh!'

said the Lory, with a shiver.

I beg your pardon!'

said the Mouse, frowning, but very politely: 'Did you speak?'

Not I!'

said the Lory hastily.

I thought you did,' said the Mouse.'

--I proceed. "Edwin and Morcar, the earls of Mercia and Northumbria, declared for him: and even Stigand, the patriotic archbishop of Canterbury, found it advisable--'" 'Found WHAT?'

said the Duck.

Found IT,' the Mouse replied rather crossly: 'of course you know what "it" means.'

I know what "it" means well enough, when I find a thing,' said the Duck: 'it's generally a frog or a worm.

The question is, what did the archbishop find?'

The Mouse did not notice this question, but hurriedly went on, '"--found it advisable to go with Edgar Atheling to meet William and offer him the crown.

William's conduct at first was moderate. But the insolence of his Normans--" How are you getting on now, my dear?'

it continued, turning to Alice as it spoke.

"Bagnata come un pulcino," rispose Alice mestamente, "non mi pare che la sua storiella mi secchi abbastanza."

"Allora," disse il Dronte con voce solenne, e levandosi in piedi, "propongo che il parlamento si aggiorni, acciocché siano adottati rimedi più energici----"
"Ma parli italiano!"

esclamò l'Aquilotto.

"Non capisco la metà delle sue parolone, e forse lei stesso non ne intende cica!"

E l'Aquilotto abbassò la testa per nascondere un sorriso, ma alcuni degli uccelli sghignazzarono apertamente.

"Volevo dire," continuò il Dronte, facendo il broncio, "che il miglior modo di seccarsi sarebbe quello di fare una Corsa arruffata."

"Che È la Corsa arruffata?"

domandò Alice; non le premeva molto di saperlo, ma il Dronte taceva come se QUALCHEDUNO dovesse parlare, mentre niuno sembrava disposto ad aprire becco o bocca.

"Ecco," disse il Dronte, "il miglior modo di spiegarla è quello di eseguirla."

(E siccome vi potrebbe venire la voglia di provare questa Corsa in qualche giorno d'inverno, vi dirò come il Dronte la diresse.)

Imprima tracciò la linea dello steccato, una specie di circolo ("già, non importa che sia ben tracciata," disse), e poi tutta la comitiva entrò nello steccato mettendosi chi qua, chi là.

Non si udì "Uno, due, tre,--via!"

ma cominciarono a correre a piacere, e si fermarono quando n'ebbero voglia, di tal che non si seppe quando la Corsa fosse terminata.

Ad ogni modo, dopo che ebbero corso

As wet as ever,' said Alice in a melancholy tone: 'it doesn't seem to dry me at all.'

In that case,' said the Dodo solemnly, rising to its feet, 'I move that the meeting adjourn, for the immediate adoption of more energetic remedies--'
'Speak English!'

said the Eaglet.

I don't know the meaning of half those long words, and, what's more, I don't believe you do either!'

And the Eaglet bent down its head to hide a smile: some of the other birds tittered audibly.

What I was going to say,' said the Dodo in an offended tone, 'was, that the best thing to get us dry would be a Caucus-race.'

What IS a Caucus-race?'

said Alice; not that she wanted much to know, but the Dodo had paused as if it thought that SOMEBODY ought to speak, and no one else seemed inclined to say anything.

Why,' said the Dodo, 'the best way to explain it is to do it.'

(And, as you might like to try the thing yourself, some winter day, I will tell you how the Dodo managed it.)

First it marked out a race-course, in a sort of circle, ('the exact shape doesn't matter,' it said,) and then all the party were placed along the course, here and there.

There was no 'One, two, three, and away,'

but they began running when they liked, and left off when they liked, so that it was not easy to know when the race was over.

However, when they had been running

una mezz'ora o quasi, e si sentirono tutti ben seccati, il Dronte esclamò tutt'a un tratto, "La corsa è finita!"

e tutti l'intorniarono anelanti, e sclamando, "Ma chi ha vinto?"

Questa domanda impensierì immensamente il Dronte, perciò sedette e resto lungo tempo con un dito appoggiato alla fronte (tale e quale come è rappresentato Dante), mentre gli altri zittivano.

Finalmente il Dronte disse, "TUTTI QUANTI hanno vinto, e tutti debbono essere premiati."

"Ma chi distribuirà i premi?"

replicò un coro di voci.

"ESSA, s'intende," disse il Dronte, indicando Alice con un dito; e tutti si affollarono intorno a lei, gridando confusamente, "I premi! I premi!"

Alice non sapeva che fare, e nella disperazione cacciò la mano in tasca, e ne cavò una scatola di confetti (per buona sorte l'acqua non v'era entrata dentro), e ne distribuì tutt'intorno.

Ce ne erano appunto uno per uno.

"Ma essa dovrebbe avere un premio," disse il Sorcio.

"S'intende," soggiunse il Dronte assai gravemente.

"Che altro ha in saccoccia?"

disse, rivolgendosi ad Alice.

"Soltanto un ditale," rispose mestamente la fanciulla.

"Dia qui," replicò il Dronte.

E tutti l'accerchiarono di nuovo, mentre il Dronte con molta gravità le offrì il ditale, e disse, "La preghiamo di accettare quest'elegante ditale;" e appena finito questo breve discorso, tutti

half an hour or so, and were quite dry again, the Dodo suddenly called out 'The race is over!'

and they all crowded round it, panting, and asking, 'But who has won?'

This question the Dodo could not answer without a great deal of thought, and it sat for a long time with one finger pressed upon its forehead (the position in which you usually see Shakespeare, in the pictures of him), while the rest waited in silence.

At last the Dodo said, 'EVERYBODY has won, and all must have prizes.'

But who is to give the prizes?'

quite a chorus of voices asked.

Why, SHE, of course,' said the Dodo, pointing to Alice with one finger; and the whole party at once crowded round her, calling out in a confused way, 'Prizes! Prizes!'

Alice had no idea what to do, and in despair she put her hand in her pocket, and pulled out a box of comfits, (luckily the salt water had not got into it), and handed them round as prizes.

There was exactly one a-piece all round.

But she must have a prize herself, you know,' said the Mouse.

Of course,' the Dodo replied very gravely.

What else have you got in your pocket?'

he went on, turning to Alice.

Only a thimble,' said Alice sadly.

Hand it over here,' said the Dodo.

Then they all crowded round her once more, while the Dodo solemnly presented the thimble, saying 'We beg your acceptance of this elegant thimble'; and, when it had finished this short

applaudirono.

Alice giudicò tutto quest'affare come una cosa sovranamente stupida, ma avevano tutti un contegno talmente grave ch'ella non osò ridere, pure non seppe che cosa rispondere, ma semplicemente s'inchinò e prese il ditale assumendo la migliore serietà del mondo.

Rimaneva ora il mangiare i confetti; ciò produsse un po' di rumore e di confusione, poiché gli uccelli grandi si lagnavano che non avevano potuto assaporarne il gusto, e gli uccelli piccoli avendoli inghiottiti ne rimasero pressoché strozzati e si dovette loro picchiar la schiena.

Ma anche ciò ebbe un termine e sedettero in circolo, pregando il Sorcio di dir loro qualcosuccia di più.

"Si rammenti che mi ha promesso di raccontarmi la sua storia," disse Alice, "e la ragione per cui odia i 'G' e i 'C'" soggiunse sommessamente, e un poco con paura che di nuovo si offendesse.

"La mia è una storia lunga e trista, e con la coda!" rispose il Sorcio, rivolgendosi con un sospiro ad Alice.

"Certo È una lunga coda,"

disse Alice, guardando con meraviglia alla coda del Sorcio; "ma perché la chiama trista?"

E continuò a pensarvi sopra imbarazzata mentre il Sorcio parlava; e così l'idea che si fece di quella storia con la coda fu presso a poco questa:

Furietta disse al Sorcio,
  che in casa aveva trovato:
    Andiamo al Tribunale,
      ti voglio processare.

      Non chiedo le tue scuse,
        o Sorcio indiavolato,

speech, they all cheered.

Alice thought the whole thing very absurd, but they all looked so grave that she did not dare to laugh; and, as she could not think of anything to say, she simply bowed, and took the thimble, looking as solemn as she could.

The next thing was to eat the comfits: this caused some noise and confusion, as the large birds complained that they could not taste theirs, and the small ones choked and had to be patted on the back.

However, it was over at last, and they sat down again in a ring, and begged the Mouse to tell them something more.

You promised to tell me your history, you know,' said Alice, 'and why it is you hate--C and D,' she added in a whisper, half afraid that it would be offended again.

Mine is a long and a sad tale!' said the Mouse, turning to Alice, and sighing. said the Mouse, turning to Alice, and sighing.

It IS a long tail, certainly,'

said Alice, looking down with wonder at the Mouse's tail; 'but why do you call it sad?'

And she kept on puzzling about it while the Mouse was speaking, so that her idea of the tale was something like this:--

Fury said to a mouse,
  That he met in the house,
    "Let us both go to law:
      I will prosecute YOU.

      --Come, I'll take no denial;
        We must have a trial:

Quest'oggi non ho nulla a casa
mia da fare.

For really this morning
I've nothing to do."

-- Disse a Furietta il Sorcio:
Ma come andremo in Corte?
Senza giurì né giudici?
Sarebbe una vendetta!

Said the mouse to the cur,
"Such a trial, dear Sir,
With no jury or judge,
would be wasting our breath."

Sarò giurì e giudice,
rispose allor Furietta,
E passerò latrando,
La tua sentenza a morte.

"I'll be judge, I'll be jury,"
cunning old Fury:
"I'll try the whole cause,
and condemn you to death."'

"Ella non presta attenzione!"

You are not attending!'

disse il Sorcio ad Alice con tono severo.

said the Mouse to Alice severely.

"A che cosa sta pensando?"

What are you thinking of?'

"Le domando scusa," rispose umilmente Alice: "ella è giunta alla quinta curvatura della coda, non è vero?"

I beg your pardon,' said Alice very humbly: 'you had got to the fifth bend, I think?'

"NO, doh!"

I had NOT!'

riprese il Sorcio con voce acerba ed irata.

cried the Mouse, sharply and very angrily.

"Che! c'è un nodo?"

A knot!'

esclamò Alice sempre pronta e servizievole, e guardandosi attorno.

said Alice, always ready to make herself useful, and looking anxiously about her.

"Mi conceda il favore di disfarlo!"

Oh, do let me help to undo it!'

"Niente affatto," rispose il Sorcio, levandosi e in atto di partire.

I shall do nothing of the sort,' said the Mouse, getting up and walking away.

"Lei m'insulta dicendomi tali scempiaggini!"

You insult me by talking such nonsense!'

"No, davvero!"

I didn't mean it!'

disse Alice con sottomissione.

pleaded poor Alice.

"Ma lei s'offende tanto facilmente!"

But you're so easily offended, you know!'

Per tutta riposta il Sorcio si mise a borbottare.

The mouse only growled in reply.

"Di grazia, ritorni, e finisca il suo racconto!"

Please come back and finish your story!'

Alice dunque lo richiamò; e tutti gli altri esclamarono in coro, "Via, finisca il racconto!"

Alice called after it; and the others all joined in chorus, 'Yes, please do!'

ma il Sorcio scrollò il capo con un moto d'impazienza, ed affrettò il passo.

but the Mouse only shook its head impatiently, and walked a little quicker.

"Peccato che non sia restato!"

What a pity it wouldn't stay!'

disse sospirando il Lori, appena che il Sorcio si perdé di vista; e un vecchio granchio colse quella opportunità per dire alla sua figlia, "Amore mio,

ciò ti serva di lezione, e bada a non andar mai in collera!"

"Sta zitto, Babbo,"

rispose la piccina con un fare sdegnosetto.

"Tu provocheresti anche la pazienza di un'ostrica!"

"Ah se Dina fosse qui!"

disse Alice, parlando ad alta voce, ma senza rivolgersi a chi che sia.

"Lo porterebbe indietro in un momento!"

"Perdoni la curiosità, chi è Dina?"

domandò il Lori.

Alice rispose sollecitamente, perché la era sempre pronta a parlare della sua prediletta: "Dina è la nostra gatta. È un vero paladino quando va a caccia di sorci!

E se la vedeste correre dietro agli uccelli!

Visti e presi!"

Questo discorso produsse un impressione vivissima nell'assemblea.

Alcuni uccelli volarono via di botto: una gazza vecchia si avviluppò ben bene dicendo, "È ormai tempo di tornare a casa; l'aria della notte mi fa male alla gola!"

e un canarino chiamò con voce tremula tutt'i suoi piccini, "Venite, venite carini!

E' tempo di andare a letto!"

E così chi con un pretesto chi con un altro, tutti andarono via, ed Alice rimase

sighed the Lory, as soon as it was quite out of sight; and an old Crab took the opportunity of saying to her daughter 'Ah, my dear!

Let this be a lesson to you never to lose YOUR temper!'

Hold your tongue, Ma!'

said the young Crab, a little snappishly.

You're enough to try the patience of an oyster!'

I wish I had our Dinah here, I know I do!'

said Alice aloud, addressing nobody in particular.

She'd soon fetch it back!'

And who is Dinah, if I might venture to ask the question?'

said the Lory.

Alice replied eagerly, for she was always ready to talk about her pet: 'Dinah's our cat. And she's such a capital one for catching mice you can't think!

And oh, I wish you could see her after the birds!

Why, she'll eat a little bird as soon as look at it!'

This speech caused a remarkable sensation among the party.

Some of the birds hurried off at once: one old Magpie began wrapping itself up very carefully, remarking, 'I really must be getting home; the night-air doesn't suit my throat!'

and a Canary called out in a trembling voice to its children, 'Come away, my dears!

It's high time you were all in bed!'

On various pretexts they all moved off, and Alice was soon left alone.

sola.

"Ho fatto male di nominare Dina!"
disse fra sé assai mestamente.

"Ei pare che niuno l'ami quaggiù,
eppure la è la miglior gatta del mondo!

Oh Dina mia cara!

Chi sa, se ti rivedrò mai più!"

E la povera Alice rincominciò a
piangere perché si sentiva tutta soletta e
sconsolata.

Ma alcuni momenti dopo, sentì di nuovo
uno scalpiccio in lontananza, e guardò
fissamente, nella speranza che il Sorcio
avesse mutato pensiero, e tornasse per
finire il suo racconto.

I wish I hadn't mentioned Dinah!'
she said to herself in a melancholy tone.

Nobody seems to like her, down here,
and I'm sure she's the best cat in the
world!

Oh, my dear Dinah!

I wonder if I shall ever see you any
more!'

And here poor Alice began to cry again,
for she felt very lonely and low-spirited.

In a little while, however, she again
heard a little pattering of footsteps in the
distance, and she looked up eagerly, half
hoping that the Mouse had changed his
mind, and was coming back to finish his
story.

CAPITOLO IV – CHAPTER IV

LA CASETTINA DEL CONIGLIO – The Rabbit Sends in a Little Bill

Era il Coniglio bianco che ritornava bel bello indietro, guardando ansiosamente qua e là, come che avesse smarrito qualche cosa, e mormorando fra se stesso: "Oh la Duchessa!

It was the White Rabbit, trotting slowly back again, and looking anxiously about as it went, as if it had lost something; and she heard it muttering to itself 'The Duchess!

la Duchessa!

The Duchess!

Oh zampine mie!

Oh my dear paws!

pelle e baffi miei state freschi ora!

Oh my fur and whiskers!

Ella mi farà impiccare, e ne son così sicuro come son certo che le donnole sono donnole!

She'll get me executed, as sure as ferrets are ferrets!

Ma dove mi saranno caduti?"

Where CAN I have dropped them, I wonder?'

Alice indovinò subito che egli andava ricercando il ventaglio e il paio di guanti bianchi, e buona e servizievole com'era, si dette attorno per ritrovarli, ma fu inutile, non si trovarono più

Alice guessed in a moment that it was looking for the fan and the pair of white kid gloves, and she very good-naturedly began hunting about for them, but they were nowhere to be seen

--ogni cosa sembrava mutata dal momento ch'era cascata nello stagno; e la gran sala, e il tavolino di cristallo, e l'usciolino erano svaniti totalmente.

--everything seemed to have changed since her swim in the pool, and the great hall, with the glass table and the little door, had vanished completely.

Ben presto il Coniglio si accorse di Alice, mentre ella si affannava alla ricerca, e gridò con voce irata, "Marianna che cosa stai facendo qui?

Very soon the Rabbit noticed Alice, as she went hunting about, and called out to her in an angry tone, 'Why, Mary Ann, what ARE you doing out here?

Via corri a casa, e portami un paio di guanti ed un ventaglio!

Run home this moment, and fetch me a pair of gloves and a fan!

Subito, ti dico!"

Quick, now!'

Alice fu tanto spaventata da quella voce che senza perder tempo corse velocemente verso il luogo indicato, senza dir nulla sullo sbaglio che il Coniglio faceva.

And Alice was so much frightened that she ran off at once in the direction it pointed to, without trying to explain the mistake it had made.

"Mi ha presa per la cameriera," disse fra sé mentre continuava a correre.

He took me for his housemaid,' she said to herself as she ran.

"Ei sarà molto sorpreso quando scoprirà chi io sia!

Ma è meglio recargli il ventaglio e i guanti, cioè, purché io li possa trovare."

E giunse innanzi a una bella casettina, e sull'uscio v'era un cartello inciso sopra una rilucente lamina di ottone, con questo nome

"CONIGLIO B."

Entrò, senza picchiare all'uscio, e frettolosamente salì tutta la scala temendo d'incontrare la vera Marianna, ed esser da lei cacciata via dalla casa prima di trovare il ventaglio e i guanti.

"Gli è proprio curioso," pensò Alice, "d'esser mandata da un Coniglio a far servizi!

Mi aspetto che Dina vorrà poi mandarmi a far servizi per lei!"

E cominciò a fantasticare ciò che in tal caso avverrebbe: "'Signorina Alice!

Venga qui subito, e si prepari a trottare!'

Eccomi qui, tata!

Ma dovrei far la guardia a questo buco sinché Dina venga, acciocché il sorcio non ne scappi.'

Però non crederei," continuò Alice, "che permetterebbero a Dina di restare in casa se essa cominciasse a comandare la gente a questo modo!"

E così ciarlando entrò in una cameretta assai pulitina, con una tavola presso al terrazzino, e sopra di essa v'erano (come Alice aveva di già sperato) un ventaglio e due o tre paia di guanti bianchi e nitidi;

ella prese il ventaglio ed un paio di guanti, e stava per uscire, quando le cadde sott'occhio un'ampolla che stava vicino allo specchio.

Non aveva nessun cartello attaccato, con

How surprised he'll be when he finds out who I am!

But I'd better take him his fan and gloves--that is, if I can find them.'

As she said this, she came upon a neat little house, on the door of which was a bright brass plate with the name 'W. RABBIT' engraved upon it.

She went in without knocking, and hurried upstairs, in great fear lest she should meet the real Mary Ann, and be turned out of the house before she had found the fan and gloves.

How queer it seems,' Alice said to herself, 'to be going messages for a rabbit!

I suppose Dinah'll be sending me on messages next!'

And she began fancying the sort of thing that would happen: "'Miss Alice!

Come here directly, and get ready for your walk!"

"Coming in a minute, nurse!

But I've got to see that the mouse doesn't get out."

Only I don't think,' Alice went on, 'that they'd let Dinah stop in the house if it began ordering people about like that!'

By this time she had found her way into a tidy little room with a table in the window, and on it (as she had hoped) a fan and two or three pairs of tiny white kid gloves:

she took up the fan and a pair of the gloves, and was just going to leave the room, when her eye fell upon a little bottle that stood near the looking-glass.

There was no label this time with the

la parola "BEVI," eppure essa la sturò e se l'avvicinò alle labbra.

"Certo QUALCHE COSA di meraviglioso mi accade ogni qual volta bevo o mangio," disse fra sé; "vediamo dunque che cosa produrrà questo liquore.

Spero che mi farà crescere di nuovo, perché sono proprio stanca di vedermi così piccina!"

E così accadde, e molto più presto di quello che si aspettasse: prima che avesse bevuto la metà dell'ampolla sentì che il suo capo premeva contro la volta, e dovette smetter subito, perché rischiava di rompersi la nuca.

Immediatamente depose l'ampolla, dicendo, "Basta per ora--spero che non crescerò di più--ma così come sono non potrò uscire più dall'uscio--ah! magari, avessi bevuto meno!"

Ohimè!

era tardi il pentirsi!

Andò crescendo, crescendo, e dovette inginocchiarsi, perché non poteva più stare in piedi; e dopo un altro minuto, dovette sdraiarsi appoggiando un gomito all'uscio, e mettendo un braccio intorno al capo.

E cresceva ancora; disperata, cacciò una mano fuori della finestra, ficcò un piede nel caminetto, e disse a sé medesima, "Checché accada, non posso far di più.

Che SARÀ di me?"

Buono per Alice che la virtù dell'ampolla magica era giunta al suo apice, e perciò non crebbe di più:

ciò non di meno si sentiva molto male in quello stato, e come che non c'era verso d'uscire da quella gabbia, se ne attristo di molto.

words 'DRINK ME,' but nevertheless she uncorked it and put it to her lips.

I know SOMETHING interesting is sure to happen,' she said to herself, 'whenever I eat or drink anything; so I'll just see what this bottle does.

I do hope it'll make me grow large again, for really I'm quite tired of being such a tiny little thing!'

It did so indeed, and much sooner than she had expected: before she had drunk half the bottle, she found her head pressing against the ceiling, and had to stoop to save her neck from being broken.

She hastily put down the bottle, saying to herself 'That's quite enough--I hope I shan't grow any more--As it is, I can't get out at the door--I do wish I hadn't drunk quite so much!'

Alas!

it was too late to wish that!

She went on growing, and growing, and very soon had to kneel down on the floor: in another minute there was not even room for this, and she tried the effect of lying down with one elbow against the door, and the other arm curled round her head.

Still she went on growing, and, as a last resource, she put one arm out of the window, and one foot up the chimney, and said to herself 'Now I can do no more, whatever happens.

What WILL become of me?'

Luckily for Alice, the little magic bottle had now had its full effect, and she grew no larger:

still it was very uncomfortable, and, as there seemed to be no sort of chance of her ever getting out of the room again, no wonder she felt unhappy.

"Stava molto meglio a casa mia," pensò la povera Alice, "colà non passava il mio tempo a crescere ed a impiccolire, e ad esser la serva de' sorci e de' conigli.

Quasi quasi mi pento d'esser discesa nella Conigliera – eppure – eppure – l'è curiosetto questo genere di vita!

Ma, che cosa mai son io diventata?

Quando io leggeva le novelle delle fate, credeva che quella sorta di stranezze non potesse mai accadere, ed ora eccomi nel bel mezzo di una di quelle.

Si dovrebbe scrivere un libro su queste mie avventure, si dovrebbe, certo! Quando sarò grande ne scriverò uno-- ma sono di già grande," soggiunse con mestizia, "e non c'è spazio per crescere di più QUI."

"Ma che," pensò Alice, "non crescerò più negli anni?

Da una parte sarebbe un bene--non diventare mai vecchia,--ma quell'imparar sempre le lezioni m'annoierebbe!

Oh non mi piacerebbe CIÒ!"

"Ah pazzerella che sei!" rispose Alice a se stessa.

"Come potresti imparare le lezioni, qui?

C'è appena spazio per TE, come c'entrerebbero i libri?"

E così passava il tempo, ora parlando, ora rispondendo a se stessa, e facendo una vera conversazione fra Alice ed Alice; ma dopo qualche istante sentì una voce di fuori, e si mise ad ascoltare.

"Marianna!

Marianna!"

vociava quel tale di fuori; "portami subito i guanti!"

It was much pleasanter at home,' thought poor Alice, 'when one wasn't always growing larger and smaller, and being ordered about by mice and rabbits.

I almost wish I hadn't gone down that rabbit-hole – and yet – and yet – it's rather curious, you know, this sort of life!

I do wonder what CAN have happened to me!

When I used to read fairy-tales, I fancied that kind of thing never happened, and now here I am in the middle of one!

There ought to be a book written about me, that there ought! And when I grow up, I'll write one--but I'm grown up now,' she added in a sorrowful tone; 'at least there's no room to grow up any more HERE.'

But then,' thought Alice, 'shall I NEVER get any older than I am now?

That'll be a comfort, one way--never to be an old woman--but then--always to have lessons to learn!

Oh, I shouldn't like THAT!'

Oh, you foolish Alice!' she answered herself.

How can you learn lessons in here?

Why, there's hardly room for YOU, and no room at all for any lesson-books!'

And so she went on, taking first one side and then the other, and making quite a conversation of it altogether; but after a few minutes she heard a voice outside, and stopped to listen.

Mary Ann!

Mary Ann!'

said the voice. 'Fetch me my gloves this moment!'

E si sentì un calpestio frettoloso per la scala.

Alice pensò che fosse il Coniglio che veniva a sollecitarla a far presto, e tremò tanto da scuoter la casa dalle fondamenta, scordandosi che oramai era diventata mille volte più grande del Coniglio, e che non c'era motivo da spiritar di paura.

Il Coniglio giunse all'uscio, e cercò di aprirlo, ma gli era inutile spingere la porta, perché il gomito d'Alice era puntellato contro.

Alice udì che il Coniglio diceva fra sé, "Andrò dietro la casa ed entrerò per la finestra."

"Non ci entrerai!" pensò Alice, ed attese sino a che le parve che il Coniglio fosse sotto la finestra; allora aprì d'un subito la mano come se volesse acchiappare qualche cosa nell'aria.

Non afferrò nulla, ma sentì uno strillo e il rumore d'una caduta, poi un fracasso di vetri rotti, e capì che il poverino era probabilmente cascato in qualche vetrina da cetrioli o cosa simile.

Poi s'udì una voce rabbiosa--quella del Coniglio:--"Gianni!

Gianni!

Dove sei?"

E rispose una voce ch'ella non aveva mai sentita, "Eccomi qua!

Stava scavando patate, illustrissimo!"

"Scavando patate!"

tuonò furiosamente il Coniglio.

"Vieni qua!

Aiutami per uscire da QUESTO!..."

(Cricch! si sentì cricchiare il vetro).

"Dimmi Gianni, che mostruosità c'è lassù, alla finestra?"

Then came a little pattering of feet on the stairs.

Alice knew it was the Rabbit coming to look for her, and she trembled till she shook the house, quite forgetting that she was now about a thousand times as large as the Rabbit, and had no reason to be afraid of it.

Presently the Rabbit came up to the door, and tried to open it; but, as the door opened inwards, and Alice's elbow was pressed hard against it, that attempt proved a failure.

Alice heard it say to itself 'Then I'll go round and get in at the window.'

THAT you won't' thought Alice, and, after waiting till she fancied she heard the Rabbit just under the window, she suddenly spread out her hand, and made a snatch in the air.

She did not get hold of anything, but she heard a little shriek and a fall, and a crash of broken glass, from which she concluded that it was just possible it had fallen into a cucumber-frame, or something of the sort.

Next came an angry voice--the Rabbit's--'Pat!

Pat!

Where are you?'

And then a voice she had never heard before, 'Sure then I'm here!

Digging for apples, yer honour!'

Digging for apples, indeed!'

said the Rabbit angrily.

Here!

Come and help me out of THIS!'

(Sounds of more broken glass.)

Now tell me, Pat, what's that in the window?'

"Poffare! gli è un braccio, lustrissimo!"

"Un braccio!

va via paperone!

Chi ne ha mai veduti di quella grossezza?

Diamine, riempie tutta la finestra!"

"Gli è proprio così, lustrissimo: ma è un braccio bell'e buono."

"Bene, ma lei non ha niente da fare con la mia finestra; va, portalo via!"

Successe un lungo silenzio, poi Alice sentì un bisbiglio sommesso; e parole come queste, "Davvero, non potrei, lustrissimo; no, davvero!"

"Fa come ti dico, vigliaccone!"

allora Alice di nuovo fendette l'aria con la mano minacciando d'acchiappare.

Questa volta si udirono DUE strilli acuti, e cri, cri, scricchio di nuovo il vetro.

"Quante vetrine da cetrioli vi debbono essere colaggiù!"

pensò Alice.

"Chi sa che faranno dopo!

Quanto al cacciarmi fuori dalla finestra, vorrei che POTESSERO farlo!

Certo, io non ho mica voglia di rimaner più qui!"

Aspettò un poco, ma non si sentiva nulla; ecco finalmente avvicinarsi un cigolio di certe ruote di carri, e molti che vociavano e parlavano insieme:

e sentì che dicevano: "Dov'è l'altra scala?--Ma, io non ne doveva portare che una; Tonio ha l'altra--Dì, Tonio, portala qui, bambino mio!--Là, appoggiatela a quel cantone--No, no, legatele insieme prima--non vedete che non arrivano!

Sure, it's an arm, yer honour!'

(He pronounced it 'arrum.')

An arm, you goose!

Who ever saw one that size?

Why, it fills the whole window!'

Sure, it does, yer honour: but it's an arm for all that.'

Well, it's got no business there, at any rate: go and take it away!'

There was a long silence after this, and Alice could only hear whispers now and then; such as, 'Sure, I don't like it, yer honour, at all, at all!'

Do as I tell you, you coward!'

and at last she spread out her hand again, and made another snatch in the air.

This time there were TWO little shrieks, and more sounds of broken glass.

What a number of cucumber-frames there must be!'

thought Alice.

I wonder what they'll do next!

As for pulling me out of the window, I only wish they COULD!

I'm sure I don't want to stay in here any longer!'

She waited for some time without hearing anything more: at last came a rumbling of little cartwheels, and the sound of a good many voices all talking together:

she made out the words: 'Where's the other ladder?--Why, I hadn't to bring but one; Bill's got the other--Bill! fetch it here, lad!--Here, put 'em up at this corner--No, tie 'em together first--they don't reach half high enough yet--

--Oh! vi arriveranno, non sarà tanto difficile!--qua, Tonio,

afferra questa fune--Ma reggerà il tetto?--Bada a quella tegola che vacilla!--Ohé, casca giù!

--Bada! bada!"

(Patatrac!) --"Chi ha fatto ciò?

--Gli è Tonio, credo--Chi scenderà per la gola del caminetto?

Io no!

Vuoi TU ?

--No, neppur io.

Tonio dovrà scendervi—Ohé, Tonio,

il padrone dice che devi scendere per la gola del caminetto!"

"Bellino!" "così questo Tonio verrà dal caminetto?

disse Alice fra sé,

Pare che quei signori abbiamo posto ogni carico sulle spalle del povero Tonio!

Non vorrei esser mica ne' suoi panni: questo camino è molto angusto, non v'è dubbio; ma potrò tirarvi qualche calcio, CREDO!"

E ritirò il piede quanto più poté dal caminetto, ed aspettò sino a che sentì un animaletto (senza che potesse indovinare a che razza appartenesse) che raschiava e scendeva adagino lunghesso il camino:

"Questo è Tonio," disse, e tirò un bel calcio, poi attese ciò che seguirebbe dopo.

La prima cosa che sentì fu un coro di voci che diceva, "Ecco Tonio che vola!"

e poi la voce sola del Coniglio che gridava--"Pigliatelo, voi altri che siete vicino alla siepe!"

e poi silenzio, e poi una gran confusione di voci--"Sostenetegli il capo--qua

Oh! they'll do well enough; don't be particular--Here, Bill!

catch hold of this rope--Will the roof bear?--Mind that loose slate--Oh, it's coming down!

Heads below!'

(a loud crash)--'Now, who did that?

--It was Bill, I fancy--Who's to go down the chimney?

--Nay, I shan't!

YOU do it!

--That I won't, then!

--Bill's to go down--Here, Bill!

the master says you're to go down the chimney!' 'Oh!

So Bill's got to come down the chimney, has he?'

said Alice to herself.

Shy, they seem to put everything upon Bill!

I wouldn't be in Bill's place for a good deal: this fireplace is narrow, to be sure; but I THINK I can kick a little!'

She drew her foot as far down the chimney as she could, and waited till she heard a little animal (she couldn't guess of what sort it was) scratching and scrambling about in the chimney close above her: then, saying to herself

This is Bill,' she gave one sharp kick, and waited to see what would happen next.

The first thing she heard was a general chorus of 'There goes Bill!'

then the Rabbit's voice along--'Catch him, you by the hedge!'

then silence, and then another confusion of voices--'Hold up his head--Brandy

l'acquavite--Non lo soffocate--Come andò compare?

Che cosa ti avvenne?

Su dicci tutto!"

Finalmente s'udì una vocina debole e sibilante ("È Tonio," pensò Alice), "Non saprei che dirvi--Non più, grazie; sto meglio--ma mi sento troppo agitato per raccontarvelo

--tutto quel che mi rammento gli è qualche cosa che mi sbalestrò in aria, ed io schizzai via come un razzo!"

"Schizzasti via davvero poveretto!"

dissero gli altri.

"Incendiamo la casa!"

e esclamò il Coniglio, ma Alice gridò subito con quanta voce aveva in gola, "Se fate ciò, vi farò acchiappar tutti da Dina!"

Si fece subito un gran silenzio, e Alice disse fra sé, "Vediamo, cosa FARANNO ora!

Se avessero cervello, scoperchierebbero il tetto."

Qualche istante dopo cominciarono a muoversi di nuovo e sentì il Coniglio che diceva, "Basterà, una carrettata per cominciare."

"Una carrettata DI CHE?"

disse Alice; ma non resto molto in dubbio, perché subito una grandine di sassolini cominciò a scoppiettare nella finestra, ed alcuni la colpirono in faccia.

"Bisogna finirla," pensò Alice, e gridò, "Fareste bene di non provarvici un'altra volta!"

Queste parole produssero un altro silenzio sepolcrale.

Alice osservò con un po' di stupore che i sassolini si convertivano in pasticcini appena toccavano il pavimento, e subito

now--Don't choke him--How was it, old fellow?

What happened to you?

Tell us all about it!'

Last came a little feeble, squeaking voice, ('That's Bill,' thought Alice,) 'Well, I hardly know--No more, thank ye; I'm better now--but I'm a deal too flustered to tell you--

all I know is, something comes at me like a Jack-in-the-box, and up I goes like a sky-rocket!'

So you did, old fellow!'

said the others.

We must burn the house down!'

said the Rabbit's voice; and Alice called out as loud as she could, 'If you do. I'll set Dinah at you!'

There was a dead silence instantly, and Alice thought to herself, 'I wonder what they WILL do next!

If they had any sense, they'd take the roof off.'

After a minute or two, they began moving about again, and Alice heard the Rabbit say, 'A barrowful will do, to begin with.'

A barrowful of WHAT?'

thought Alice; but she had not long to doubt, for the next moment a shower of little pebbles came rattling in at the window, and some of them hit her in the face.

I'll put a stop to this,' she said to herself, and shouted out, 'You'd better not do that again!'

which produced another dead silence.

Alice noticed with some surprise that the pebbles were all turning into little cakes as they lay on the floor, and a

un idea le passò per la mente.

"Proviamo a mangiare uno di questi pasticcini," disse, "certo essi produrranno QUALCHE mutamento nella mia statura; e siccome non potranno farmi più grossa di quel che sono, m'impiccoliranno forse."

E mangiò un pasticcino, e si rallegrò di vedersi subito impiccolire.

Appena che si sentì piccola abbastanza per uscire dalla porta, scappò dalla casa, e incontrò una folla di animaletti e d'uccelli che aspettavano fuori.

La povera Lucertola (era Tonio) stava nel mezzo, sostenuta da due porcellini d'India, che le davano qualche ristoro da una bottiglia.

Appena comparve Alice tutti le si avventarono addosso; ma la bimba si mise a correre sino a che si ritrovò sana e salva in una foresta.

"La prima cosa che dovrò fare," pensò Alice, vagando nella foresta, "la è quella di ricrescere e giungere alla mia statura naturale; e la seconda poi sarà di cercare il modo d'entrare in quell'ameno giardino.

Questo, mi pare, il miglior piano."

E davvero sembrava un piano eccellente, e immaginato assai per benino; ma la difficoltà stava in ciò ch'ella non sapeva da dove rifarsi per metterlo ad effetto; e mentre aguzzava l'occhio fra gli alberi della foresta, un piccolo latrato acuto al di sopra di lei la fece guardare in su presto presto.

Un enorme cucciolo la squadrava con occhi dilatati e rotondi, e allungando una zampa cercava di toccarla.

"Poverino!"

disse Alice con voce carezzevole, e per

bright idea came into her head.

If I eat one of these cakes,' she thought, 'it's sure to make SOME change in my size; and as it can't possibly make me larger, it must make me smaller, I suppose.'

So she swallowed one of the cakes, and was delighted to find that she began shrinking directly.

As soon as she was small enough to get through the door, she ran out of the house, and found quite a crowd of little animals and birds waiting outside.

The poor little Lizard, Bill, was in the middle, being held up by two guinea-pigs, who were giving it something out of a bottle.

They all made a rush at Alice the moment she appeared; but she ran off as hard as she could, and soon found herself safe in a thick wood.

The first thing I've got to do,' said Alice to herself, as she wandered about in the wood, 'is to grow to my right size again; and the second thing is to find my way into that lovely garden.

I think that will be the best plan.'

It sounded an excellent plan, no doubt, and very neatly and simply arranged; the only difficulty was, that she had not the smallest idea how to set about it; and while she was peering about anxiously among the trees, a little sharp bark just over her head made her look up in a great hurry.

An enormous puppy was looking down at her with large round eyes, and feebly stretching out one paw, trying to touch her.

Poor little thing!'

said Alice, in a coaxing tone, and she

allettarlo si provò a dirgli "te', tè!" ma tremava a verghe temendo che fosse affamato, nel qual caso l'avrebbe probabilmente divorata a dispetto di tutte le sue carezze.

Non sapendo che farsi, prese un ramoscello e lo presentò al cagnolino; questo saltò in aria come un razzo, dando fuori un urlo di gioia, e s'avventò al ramoscello come se lo volesse sbranare;

allora Alice si mise cautamente dietro ad un cardo altissimo per non esser da lui rovesciata; quando si affacciò all'altro lato, vide che il cagnolino s'era avventato nuovamente al ramoscello, ed aveva fatto un capitombolo nella furia d'afferrarlo;

ma siccome ad Alice sembrava che fosse come scherzare con un cavallo di carrozza, così per evitare d'esser calpestata dalle zampe della bestia, fuggì di nuovo dietro al cardo:

allora il cagnolino cominciò una serie di cariche verso il ramoscello, correndo ogni volta al di là del segno, e correndo indietro più di quel che gli conveniva, e sempre abbaiando raucamente sino a che s'accoccolò a una breve distanza, anelante, con la lingua penzoloni, e con gli occhioni semichiusi.

Alice colse quell'occasione propizia per scappar via, e fuggì, e corse tanto da perderne affatto il fiato, e sino a che il latrare del cagnolino si perdé nella lontananza.

"Eppure che caro cucciolo era quello!" disse Alice, appoggiandosi a un ranuncolo e facendosi vento con una delle sue foglie: "Oh quanto avrei desiderato d'insegnargli dei giochini se-- se fossi stata d'una statura adeguata!

tried hard to whistle to it; but she was terribly frightened all the time at the thought that it might be hungry, in which case it would be very likely to eat her up in spite of all her coaxing.

Hardly knowing what she did, she picked up a little bit of stick, and held it out to the puppy; whereupon the puppy jumped into the air off all its feet at once, with a yelp of delight, and rushed at the stick, and made believe to worry it;

then Alice dodged behind a great thistle, to keep herself from being run over; and the moment she appeared on the other side, the puppy made another rush at the stick, and tumbled head over heels in its hurry to get hold of it;

then Alice, thinking it was very like having a game of play with a cart-horse, and expecting every moment to be trampled under its feet, ran round the thistle again;

then the puppy began a series of short charges at the stick, running a very little way forwards each time and a long way back, and barking hoarsely all the while, till at last it sat down a good way off, panting, with its tongue hanging out of its mouth, and its great eyes half shut.

This seemed to Alice a good opportunity for making her escape; so she set off at once, and ran till she was quite tired and out of breath, and till the puppy's bark sounded quite faint in the distance.

And yet what a dear little puppy it was!' said Alice, as she leant against a buttercup to rest herself, and fanned herself with one of the leaves: 'I should have liked teaching it tricks very much, if--if I'd only been the right size to do it!

Ohimè!

avevo quasi dimenticato che mi convien crescere ancora!

Vediamo--come potrei fare?

Suppongo che dovrei mangiare o bere qualche cosa; ma quale cosa? qui sta il punto!"

Davvero la gran questione si aggirava su quale cosa?

Alice guardò tutt'intorno, i fiori, l'erba, ma non trovò niente che le paresse adatto a mangiare o bere per quell'occorrenza.

C'era però un grosso fungo vicino a lei, pressappoco alto quanto lei, e dopo che l'ebbe osservato di sotto, ai lati, e di dietro, le parve cosa naturale di vedere ciò che v'era di sopra.

Si alzò sulla punta de' piedi, e affacciassi all'orlo del fungo, ed ecco gli occhi suoi s'incontrarono con quelli di un grosso Bruco turchino che se ne stava seduto nel mezzo con le braccia conserte, fumando tranquillamente una lunga pipa turca, non facendo la minima attenzione a lei, né ad alcun'altra cosa.

Oh dear!

I'd nearly forgotten that I've got to grow up again!

Let me see--how IS it to be managed?

I suppose I ought to eat or drink something or other; but the great question is, what?'

The great question certainly was, what?

Alice looked all round her at the flowers and the blades of grass, but she did not see anything that looked like the right thing to eat or drink under the circumstances.

There was a large mushroom growing near her, about the same height as herself; and when she had looked under it, and on both sides of it, and behind it, it occurred to her that she might as well look and see what was on the top of it.

She stretched herself up on tiptoe, and peeped over the edge of the mushroom, and her eyes immediately met those of a large caterpillar, that was sitting on the top with its arms folded, quietly smoking a long hookah, and taking not the smallest notice of her or of anything else.

CAPITOLO V – CHAPTER V

CONSIGLI D'UN BRUCO – Advice from a Caterpillar

Il Bruco ed Alice si guardarono in faccia per qualche istante senza far motto; finalmente il Bruco staccò la pipa di bocca, e le parlò con voce languida e sonnacchiosa.

"Chi siete VOI?"

disse il Bruco.

Questa domanda non invitava molto ad una conversazione.

Alice rispose con un po' di timidezza, "Davvero io--io non saprei dirlo ora--so almeno chi ERO quando mi alzai questa mattina, ma d'allora in poi temo essere stata scambiata più volte."

"Che cosa mi andate raccontando?"

disse il Bruco con voce austera.

"Spiegatevi meglio!"

"Temo non potermi spiegare," disse Alice, "perché non sono più me stessa, come vede."

"Io non vedo," rispose il Bruco.

"Temo che non mi sarà dato di spiegarmi più chiaramente," soggiunse Alice con modo assai gentile, "perché io non so capirla neppur io dopo essere stata mutata di statura tante volte in un giorno, ciò confonde davvero."

"Non è vero," disse il Bruco.

"Bene, forse non se n'è ancora accorto," disse Alice, "ma quando lei sarà mutata in crisalide--e ciò le accadrà un giorno,--e poi diverrà farfalla, ciò le sembrerà un po' strano, non è vero?"

"Niente affatto," rispose il Bruco.

"Eh! forse i suoi sentimenti saranno

The Caterpillar and Alice looked at each other for some time in silence: at last the Caterpillar took the hookah out of its mouth, and addressed her in a languid, sleepy voice.

Who are YOU?'

said the Caterpillar.

This was not an encouraging opening for a conversation.

Alice replied, rather shyly, 'I--I hardly know, sir, just at present--at least I know who I WAS when I got up this morning, but I think I must have been changed several times since then.'

What do you mean by that?'

said the Caterpillar sternly.

Explain yourself!'

I can't explain MYSELF, I'm afraid, sir' said Alice, 'because I'm not myself, you see.'

I don't see,' said the Caterpillar.

I'm afraid I can't put it more clearly,' Alice replied very politely, 'for I can't understand it myself to begin with; and being so many different sizes in a day is very confusing.'

It isn't,' said the Caterpillar.

Well, perhaps you haven't found it so yet,' said Alice; 'but when you have to turn into a chrysalis--you will some day, you know--and then after that into a butterfly, I should think you'll feel it a little queer, won't you?'

Not a bit,' said the Caterpillar.

Well, perhaps your feelings may be

diversi da' miei," replicò Alice; "ma quanto a ME mi parrebbe molto strano."

"A voi!"

disse il Bruco con disprezzo.

"Chi siete VOI?"

E ciò li ricondusse da capo al principio della conversazione.

Alice si sentiva irritata alquanto vedendo che il Bruco le rispondeva secco , e s'impettì come una matrona romana, dicendogli gravemente, "perché non comincia LEI, a dirmi chi è?"

"perché?"

disse il Bruco.

Era quella una domanda imbarazzante; e perché Alice non sapeva trovare una buona ragione, e il Bruco pareva di cattivo umore, si voltò per andarsene.

"Venite qui!"

la richiamò il Bruco. "Ho una cosa importante da dirvi."

Quelle parole promettevano qualche cosa: ed Alice ritornò indietro.

"Non andate in collera," disse il Bruco.

"E questo è tutto?"

rispose Alice, inghiottendo il suo dispetto.

"No," disse il Bruco.

Alice pensò che poteva aspettare, perché non aveva altro di meglio a fare, e perché forse il Bruco avrebbe potuto comunicarle alcun che d'importante.

Per qualche istante il Bruco pipò senza dir nulla, finalmente spiegò le braccia, staccò la pipa di bocca, e disse, "E così voi credete di essere stata tramutata?"

"Signor mio, ho paura di sì," rispose Alice; "Non posso più rammentarmi bene le cose come una volta--e non

different,' said Alice; 'all I know is, it would feel very queer to ME.'

You!'

said the Caterpillar contemptuously.

Who are YOU?'

Which brought them back again to the beginning of the conversation.

Alice felt a little irritated at the Caterpillar's making such VERY short remarks, and she drew herself up and said, very gravely, 'I think, you ought to tell me who YOU are, first.'

Why?'

said the Caterpillar.

Here was another puzzling question; and as Alice could not think of any good reason, and as the Caterpillar seemed to be in a VERY unpleasant state of mind, she turned away.

Come back!'

the Caterpillar called after her. 'I've something important to say!'

This sounded promising, certainly: Alice turned and came back again.

Keep your temper,' said the Caterpillar.

Is that all?'

said Alice, swallowing down her anger as well as she could.

No,' said the Caterpillar.

Alice thought she might as well wait, as she had nothing else to do, and perhaps after all it might tell her something worth hearing.

For some minutes it puffed away without speaking, but at last it unfolded its arms, took the hookah out of its mouth again, and said, 'So you think you're changed, do you?'

I'm afraid I am, sir,' said Alice; 'I can't remember things as I used--and I don't keep the same size for ten minutes

posso conservare per dieci minuti la stessa statura!"

"QUALI COSE non potete rammentare?"

domandò il Bruco.

"Ecco, cercai una volta di ripetere 'Rondinella pellegrina' e m'uscì dalle labbra tutto diverso!"

soggiunse Alice assai mestamente.

Ripetetemi "Padre Guglielmo, tu sei vecchio,'" disse il Bruco.

Alice incrociò le mani sul petto, e cominciò:--

"Padre Guglielmo! tu sei vecchio,"--gli disse il giovanetto,
"Son bianchi i tuoi capelli--e meriti rispetto;
Eppur col capo in terra--ti vedo camminare--
Ma credi che convenga--a un vecchio un tale andare?"

"Quand'ero giovanetto"--rispose il Vecchierello, "Creda che questo giuoco--sbalzasse il mio cervello;
Ma ormai che son persuaso--che in zucca non ho nulla, Col capo in giù men vado--quando il cervello mi frulla. "

"Guglielmo! tu sei vecchio,"--soggiunse il suo figliuolo, "Sei grosso e grasso e tondo--che sembri un cetriolo, Eppur fai salti a ruota!--oh dimmi a quale scuola S'insegna a sfondar l'uscio --con una capriola?"

Rispose il buon Vecchino--"Nella mia giovinezza Studiai di conservare--al corpo la sveltezza;
Virtù di quest'unguento--un franco per vasetto,
Ne vuoi comprare un paio--garbato giovanetto?

""Guglielmo! tu sei vecchio,--e fiacche

together!'

Can't remember WHAT things?'

said the Caterpillar.

Well, I've tried to say "HOW DOTH THE LITTLE BUSY BEE," but it all came different!'

Alice replied in a very melancholy voice.

Repeat, "YOU ARE OLD, FATHER WILLIAM,'" said the Caterpillar.

Alice folded her hands, and began:--
'You are old, Father William,' the young man said,

'You are old, Father William,' the young man said,
And your hair has become very white;
And yet you incessantly stand on your head
-- Do you think, at your age, it is right?'

In my youth,' Father William replied to his son,
'I feared it might injure the brain;
But, now that I'm perfectly sure I have none,
Why, I do it again and again.'

You are old,' said the youth, 'as I mentioned before,
And have grown most uncommonly fat;
Yet you turned a back-somersault in at the door
-- Pray, what is the reason of that?'

In my youth,' said the sage, as he shook his grey locks,
'I kept all my limbs very supple
By the use of this ointment--one shilling the box
-- Allow me to sell you a couple?'

You are old,' said the youth, 'and your

hai le mascelle,
Ed ingollar potresti--brodose minestrelle,
Ed hai mangiato un'oca--con l'ossa, e il becco intero?
O Babbo, come hai fatto?--oh spiegami il mistero!

"Un dì studiai le leggi"--il Babbo allor gli disse,
"Ed ebbi con mia moglie--sempre querele e risse,
Ciò dette alle ganasce--tal forza muscolare
Che ormai potrei con l'oca--la moglie divorare.

""Guglielmo! tu sei vecchio"--riprese il giovanetto,
"La vista non ti regge--e sai, ti fa difetto;
E porti in equilibrio--sul naso quell'anguilla!
Oh qui la tua destrezza—davvero si mostra e brilla!

"Risposi a tre domande--e ormai ti può bastare;
Non rompermi le scatole,--non voglio più parlare;
Oh credi che mi piacciano--le sciocche tue questioni?
Via, smetti, o per la scala--ti mando ruzzoloni!"

"Non l'avete recitata bene," disse il Bruco.

"Temo di no," rispose timidamente Alice, "certo alcune parole sono scambiate."

"Male dal principio alla fine," disse il Bruco con accento risoluto, e successe un silenzio per qualche minuto.

Il Bruco fu il primo a parlare.

"Di che statura vorreste essere?" domandò.

"Oh non vado tanto pel sottile in quanto

jaws are too weak For anything tougher than suet;
Yet you finished the goose, with the bones and the beak-- Pray how did you manage to do it?'

In my youth,' said his father, 'I took to the law,
And argued each case with my wife;
And the muscular strength, which it gave to my jaw,
Has lasted the rest of my life.'

You are old,' said the youth, 'one would hardly suppose That your eye was as steady as ever;
Yet you balanced an eel on the end of your nose--
What made you so awfully clever?'

I have answered three questions, and that is enough,' Said his father; 'don't give yourself airs!
Do you think I can listen all day to such stuff?
Be off, or I'll kick you down stairs!'

That is not said right,' said the Caterpillar.

Not QUITE right, I'm afraid,' said Alice, timidly; 'some of the words have got altered.'

It is wrong from beginning to end,' said the Caterpillar decidedly, and there was silence for some minutes.

The Caterpillar was the first to speak.

What size do you want to be?'
it asked.

Oh, I'm not particular as to size,' Alice

alla statura," rispose in fretta Alice; "soltanto non mi piace di mutar tanto spesso, sa."

"NON so niente," disse il Bruco.

Alice non fiatò: giammai la poverina era stata tante volte contraddetta, e stava lì lì per scoppiare.

"Siete contenta ora?"

domandò il Bruco.

"No, davvero, vorrei essere un POCO più grande, se non le dispiacesse," rispose Alice: "si figuri, ho una ben meschina statura, appena tre pollici!"

"L'è una buona statura, codesta!" disse il Bruco con voce dispettosa, rizzandosi come un fuso mentre parlava (egli era alto tre pollici per l'appunto).

"Ma io non ci sono abituata!"

soggiunse Alice con voce carezzevole e mesta.

E poi pensò fra sé: "Vorrei che coteste creaturine non s'offendessero così per nulla!"

"Vi abituerete col tempo," disse il Bruco, e rimettendosi la pipa in bocca, rincominciò a pipare.

Questa volta Alice aspettò pazientemente che egli stesso riappiccicasse il discorso.

Passati due o tre minuti, il Bruco levò la pipa di bocca, sbadigliò un poco, e si scosse tutto.

Poi discese dal fungo, e andò strisciando nell'erba, dicendo soltanto queste parole "Un lato vi farà crescere di più, e l'altro vi farà diminuire."

"Un lato di CHE COSA?

L'altro lato di CHE COSA?"

pensò Alice fra sé.

"Del fungo," disse il Bruco, come se

hastily replied; 'only one doesn't like changing so often, you know.'

I DON'T know,' said the Caterpillar.

Alice said nothing: she had never been so much contradicted in her life before, and she felt that she was losing her temper.

Are you content now?'

said the Caterpillar.

Well, I should like to be a LITTLE larger, sir, if you wouldn't mind,' said Alice: 'three inches is such a wretched height to be.'

It is a very good height indeed!' said the Caterpillar angrily, rearing itself upright as it spoke (it was exactly three inches high).

But I'm not used to it!'

pleaded poor Alice in a piteous tone.

And she thought of herself, 'I wish the creatures wouldn't be so easily offended!'

You'll get used to it in time,' said the Caterpillar; and it put the hookah into its mouth and began smoking again.

This time Alice waited patiently until it chose to speak again.

In a minute or two the Caterpillar took the hookah out of its mouth and yawned once or twice, and shook itself.

Then it got down off the mushroom, and crawled away in the grass, merely remarking as it went, 'One side will make you grow taller, and the other side will make you grow shorter.'

One side of WHAT?

The other side of WHAT?'

thought Alice to herself.

Of the mushroom,' said the Caterpillar,

Alice l'avesse interrogato ad alta voce; e subito disparve.

Alice rimase pensierosa riguardando al fungo e cercando di scoprire quali fossero i due lati di esso; e perché era tondo come l'O di Giotto, non sapeva trovarli.

Ciò non di meno allungò quanto poteva le braccia per circondare il fungo, e ne ruppe due pezzettini all'orlo con ciascuna delle sue mani.

"Ed ora, quale è l'uno e quale è l'altro?"

disse fra sé, e si mise a morsicchiare il pezzettino che aveva alla destra, così per provarne l'effetto, quando si sentì in un attimo un colpo violento sotto il mento; aveva battuto sul piede!

Quel mutamento subitaneo la spaventò moltissimo, ma non c'era tempo a perdere, perché spariva rapidamente; così si mise subito a morsicchiare l'altro pezzettino.

Il suo mento era talmente stretto al piede che a mala pena potette aprir la bocca; finalmente riuscì a inghiottire un boccone del pezzettino della mano sinistra. "Ah!

respiro finalmente, la mia testa è libera!"

esclamò Alice con gioia, ma subito la sua allegria si mutò in terrore quando si accorse che non poteva più trovare le spalle: guardando in giù non poté vedere che un collo lungo, lungo che s'elevava come uno stelo d'in mezzo a un campo di foglie verdeggianti che stavano lungi, sotto a lei.

"Che cosa È mai quel campo verde?"

disse Alice.

"E dove sono andate le mie spalle?

Oh tapina me! come va che non vi vedo più, o mie povere mani?"

E andava muovendole mentre parlava,

just as if she had asked it aloud; and in another moment it was out of sight.

Alice remained looking thoughtfully at the mushroom for a minute, trying to make out which were the two sides of it; and as it was perfectly round, she found this a very difficult question.

However, at last she stretched her arms round it as far as they would go, and broke off a bit of the edge with each hand.

And now which is which?'

she said to herself, and nibbled a little of the right-hand bit to try the effect: the next moment she felt a violent blow underneath her chin: it had struck her foot!

She was a good deal frightened by this very sudden change, but she felt that there was no time to be lost, as she was shrinking rapidly; so she set to work at once to eat some of the other bit.

Her chin was pressed so closely against her foot, that there was hardly room to open her mouth; but she did it at last, and managed to swallow a morsel of the lefthand bit.

Come, my head's free at last!'

said Alice in a tone of delight, which changed into alarm in another moment, when she found that her shoulders were nowhere to be found: all she could see, when she looked down, was an immense length of neck, which seemed to rise like a stalk out of a sea of green leaves that lay far below her.

What CAN all that green stuff be?'

said Alice.

And where HAVE my shoulders got to?

And oh, my poor hands, how is it I can't see you?'

She was moving them about as she

ma non sembrava che ne seguisse altro che un piccolo movimento fra le verdi foglie in lontananza.

Non sembrando possibile di portar le mani al capo, cercò di piegare il capo verso le mani, e fu contenta di vedere che il suo collo poteva piegarsi e dirigersi dovunque, come un serpente.

Era riuscita a curvarlo in giù in forma d'un grazioso zigzag, e stava lì lì per tuffarsi fra le foglie, quando si accorse che erano le cime degli alberi sotto i quali s'era smarrita. E sentì un gemito acuto per cui si ritirò indietro in fretta:

un grosso colombo era volato verso di lei, e le sbatteva le ali contro la faccia in modo furioso.

"Serpente!"

gridò il Colombo.

"NON sono un serpente, io!"

disse Alice, adirata.

"Va via!"

"Serpente, dico!"

ripete il Colombo, ma con voce più dimessa, e soggiunse singhiozzando, "Ho cercato tutti i rimedi, ma nulla m'è giovato!"

"Io non so di che cosa mai tu parli," disse Alice.

"Ho provato le radici degli alberi, ho provato i poggetti, ho provato le siepi," continuò il Colombo senza badare a lei; "ma i serpenti!

Oh non c'è modo di contentarli!"

Alice era sempre più meravigliata e confusa, ma pensò ch'era inutile parlare sino a che il Colombo avesse finito.

"Come che fosse poca pena covar le uova," disse il Colombo, "mi abbisogna

spoke, but no result seemed to follow, except a little shaking among the distant green leaves.

As there seemed to be no chance of getting her hands up to her head, she tried to get her head down to them, and was delighted to find that her neck would bend about easily in any direction, like a serpent.

She had just succeeded in curving it down into a graceful zigzag, and was going to dive in among the leaves, which she found to be nothing but the tops of the trees under which she had been wandering, when a sharp hiss made her draw back in a hurry:

a large pigeon had flown into her face, and was beating her violently with its wings.

Serpent!'

screamed the Pigeon.

I'm NOT a serpent!'

said Alice indignantly.

Let me alone!'

Serpent, I say again!'

repeated the Pigeon, but in a more subdued tone, and added with a kind of sob, 'I've tried every way, and nothing seems to suit them!'

I haven't the least idea what you're talking about,' said Alice.

I've tried the roots of trees, and I've tried banks, and I've tried hedges,' the Pigeon went on, without attending to her; 'but those serpents!

There's no pleasing them!'

Alice was more and more puzzled, but she thought there was no use in saying anything more till the Pigeon had finished.

As if it wasn't trouble enough hatching the eggs,' said the Pigeon; 'but I must be

vegliare a causa dei serpenti, e giorno e notte!

Son tre settimane che non ho chiuso un occhio!"

"Mi dispiace di vederti così angosciato!" disse Alice, la quale cominciava a capire il Colombo.

"E giusto quando avevo scelto l'albero più elevato della foresta," continuò il Colombo con un grido disperato, "e mi credeva liberato finalmente da loro, ecco che mi piovono giù dal cielo!

Ih! Serpentaccio!"

"Ma io NON sono un serpente, ripeto!" rispose Alice. "Io sono una---- Io sono una----" "Bene, CHI sei tu?"

disse il Colombo.

"Vedo bene che tu cerchi dei raggiri per ingannarmi!"

"Io--Io sono una ragazzina," rispose Alice, ma quasi dubitando di se stessa, poiché si rammentava l'innumerevole serie di trasformazioni che aveva passate in quel giorno.

"Bella storiella!"

disse il Colombo con voce di profondo disprezzo.

"Ho veduto molte ragazzine in mia vita, ma niuna con un collo simile.

No, no!

Tu sei un serpente; e non serve negarlo.

Scommetto che mi dirai che non hai mai gustato un uovo!"

"Ma sì che HO gustato delle uova," soggiunse Alice, la quale era una bambina assai veridica; "sai pure che le ragazzine mangiano quanto i serpenti!"

"Non ci credo," disse il Colombo; "ma se pure è così, esse sono una razza di

on the look-out for serpents night and day!

Why, I haven't had a wink of sleep these three weeks!'

I'm very sorry you've been annoyed,' said Alice, who was beginning to see its meaning.

And just as I'd taken the highest tree in the wood,' continued the Pigeon, raising its voice to a shriek, 'and just as I was thinking I should be free of them at last, they must needs come wriggling down from the sky!

Ugh, Serpent!'

But I'm NOT a serpent, I tell you!' said Alice. 'I'm a--I'm a--' 'Well! WHAT are you?'

said the Pigeon.

I can see you're trying to invent something!'

I--I'm a little girl,' said Alice, rather doubtfully, as she remembered the number of changes she had gone through that day.

A likely story indeed!'

said the Pigeon in a tone of the deepest contempt.

I've seen a good many little girls in my time, but never ONE with such a neck as that!

No, no!

You're a serpent; and there's no use denying it.

I suppose you'll be telling me next that you never tasted an egg!'

I HAVE tasted eggs, certainly,' said Alice, who was a very truthful child; 'but little girls eat eggs quite as much as serpents do, you know.'

I don't believe it,' said the Pigeon; 'but if they do, why then they're a kind of

serpenti, ecco quello che potrei dire."

Questa idea era così nuova per Alice, che resto muta qualche minuto; il Colombo ne profittò per soggiungere, "Tu vai occhiando le uova, lo comprendo; oh che importa a me che tu sia una fanciulla o un serpente?"

"Ma importa moltissimo a ME," rispose subito Alice; "pure ora non vado cercando uova; e quando anche ne cercassi non vorrei delle TUE; crude non mi piacciono."

"Via dunque da me!"

disse brontolando il Colombo, e si accovacciò nel nido.

Alice s'appiattò il meglio che poteva fra gli alberi, perché il suo collo s'intralciava fra i rami, e spesso doveva fermarsi per sbrogliarsene.

Dopo qualche istante si rammentò che aveva tuttavia nelle mani i due pezzettini di fungo,

e si mise all'opera con molta avvedutezza morsicchiando or l'uno or l'altro, e così ora cresceva ed or diminuiva, sinché riuscì a riavere la sua statura naturale.

Era tanto tempo che non aveva più avuto la sua statura naturale, che da prima le parve strano, ma vi si abituò in pochi minuti, e rincominciò a parlare fra sé secondo il solito.

"Ecco, sono a metà del mio piano!

Sono pure strane tutte queste trasformazioni!

Non son mai certa di che diventerò da un minuto all'altro!

Ad ogni modo sono tornata alla mia giusta statura: ora bisognerebbe pensare al modo di penetrare nell'ameno

---

serpent, that's all I can say.'

This was such a new idea to Alice, that she was quite silent for a minute or two, which gave the Pigeon the opportunity of adding, 'You're looking for eggs, I know THAT well enough; and what does it matter to me whether you're a little girl or a serpent?'

It matters a good deal to ME,' said Alice hastily; 'but I'm not looking for eggs, as it happens; and if I was, I shouldn't want YOURS: I don't like them raw.'

Well, be off, then!'

said the Pigeon in a sulky tone, as it settled down again into its nest.

Alice crouched down among the trees as well as she could, for her neck kept getting entangled among the branches, and every now and then she had to stop and untwist it.

After a while she remembered that she still held the pieces of mushroom in her hands,

and she set to work very carefully, nibbling first at one and then at the other, and growing sometimes taller and sometimes shorter, until she had succeeded in bringing herself down to her usual height.

It was so long since she had been anything near the right size, that it felt quite strange at first; but she got used to it in a few minutes, and began talking to herself, as usual.

Come, there's half my plan done now!

How puzzling all these changes are!

I'm never sure what I'm going to be, from one minute to another!

However, I've got back to my right size: the next thing is, to get into that beautiful garden--how IS that to be

giardino--come potrò farlo, pagherei saperlo!"

E così dicendo, giunse senza avvedersene a una piazza che aveva nel mezzo una casettina alta quattro piedi circa.

"Chiunque sia che vi abiti," pensò Alice, "non converrebbe mai con questa mia statura andare a visitarli così all'improvviso; farei loro una paura terribile!"

E rincominciò a morsicchiare il pezzettino che aveva alla man destra, e non osò di avvicinarsi alla casa, se non quando si rimpiccolì tanto che aveva nove pollici di altezza.

done, I wonder?'

As she said this, she came suddenly upon an open place, with a little house in it about four feet high.

Whoever lives there,' thought Alice, 'it'll never do to come upon them THIS size: why, I should frighten them out of their wits!'

So she began nibbling at the righthand bit again, and did not venture to go near the house till she had brought herself down to nine inches high.

CAPITOLO VI – CHAPTER VI

PORCO E PEPE – Pig and Pepper

Per qualche istante si mise a guardar la casa, e non sapeva che fare, quando ecco un servo in livrea venne frettolosamente dalla foresta--

(lo prese per un servitore perché era in livrea, altrimenti al viso l'avrebbe creduto un pesce),--e picchiò furiosamente all'uscio colle nocche.

La porta fu spalancata da un altro servitore in livrea, con una faccia rotonda, e occhi grossi come un ranocchio; ed Alice osservò che entrambi avevano in testa parrucche incipriate ed inanellate.

Tutto questo le eccitò la curiosità, e uscì un poco dalla foresta e si mise ad origliare.

Il Pesce-Servo cavò di sotto il braccio un letterone, grande quasi quanto lui, e lo presentò all'altro, dicendo con voce solenne, "Per la Duchessa.

Un invito della Regina per giocare una partita di croquet."

Il Ranocchio-Servo rispose con lo stesso tuono di voce, ma invertendo l'ordine delle parole, "Da parte della Regina.

Un invito alla Duchessa per giocare una partita di croquet."

Ed entrambi s'inchinarono sino a terra, e le ciocche de' loro capelli s'imbrogliarono insieme.

Alice irruppe in una grossa risata, e dovette nascondersi nella foresta per paura di esser sentita; quando poi tornò ad osservare, il Pesce-Servo era andato via, e l'altro sedeva a terra presso

For a minute or two she stood looking at the house, and wondering what to do next, when suddenly a footman in livery came running out of the wood--

(she considered him to be a footman because he was in livery: otherwise, judging by his face only, she would have called him a fish)--and rapped loudly at the door with his knuckles.

It was opened by another footman in livery, with a round face, and large eyes like a frog; and both footmen, Alice noticed, had powdered hair that curled all over their heads.

She felt very curious to know what it was all about, and crept a little way out of the wood to listen.

The Fish-Footman began by producing from under his arm a great letter, nearly as large as himself, and this he handed over to the other, saying, in a solemn tone, 'For the Duchess.

An invitation from the Queen to play croquet.'

The Frog-Footman repeated, in the same solemn tone, only changing the order of the words a little, 'From the Queen.

An invitation for the Duchess to play croquet.'

Then they both bowed low, and their curls got entangled together.

Alice laughed so much at this, that she had to run back into the wood for fear of their hearing her; and when she next peeped out the Fish-Footman was gone, and the other was sitting on the ground

l'uscio, stralunando stupidamente gli occhi verso il cielo.

Alice si avvicinò timidamente alla porta e picchiò.

"Non giova punto picchiare," disse il Servo, "e ciò per due ragioni.

La prima perché io sto allo stesso lato dell'uscio dov'ella sta; la seconda perché di dentro stanno facendo un tale strepito che niuno potrebbe sentirla."

E davvero si sentiva un gran rumore nel di dentro--un guaire e uno starnutire non mai interrotti, e di tempo in tempo un gran fracasso, come se un piatto o una caldaia andasse a pezzi.

"Di grazia," domandò Alice, "che dovrei fare per entrare?"

"Il suo picchiare riuscirebbe a qualche effetto," continuò il Servo senza badare a lei, "se la porta fosse fra noi due.

Per esempio se lei fosse DENTRO, potrebbe picchiare, ed io la farei uscire, capisce."

E continuava a guardare il cielo mentre parlava; e ciò pareva proprio scortese ad Alice.

"Ma forse non può farne a meno," disse fra sé; "ha gli occhi incastrati sul cranio!

Potrebbe però rispondere a qualche domanda--Come potrei fare per entrar dentro?"

disse Alice a voce alta.

"Io siederò qui," osservò il Servo, "sino a domani----" In quell'istante l'uscio della casa si aprì, e un gran piatto volò verso la testa del Servo, e gli sfiorò il naso, poi andò a sfracellarsi contro a un albero ch'era dietro a lui."

---- o sino a dopo domani, forse," continuò il Servo con la stessa

near the door, staring stupidly up into the sky.

Alice went timidly up to the door, and knocked.

There's no sort of use in knocking,' said the Footman, 'and that for two reasons.

First, because I'm on the same side of the door as you are; secondly, because they're making such a noise inside, no one could possibly hear you.'

And certainly there was a most extraordinary noise going on within--a constant howling and sneezing, and every now and then a great crash, as if a dish or kettle had been broken to pieces.

Please, then,' said Alice, 'how am I to get in?'

There might be some sense in your knocking,' the Footman went on without attending to her, 'if we had the door between us.

For instance, if you were INSIDE, you might knock, and I could let you out, you know.'

He was looking up into the sky all the time he was speaking, and this Alice thought decidedly uncivil.

But perhaps he can't help it,' she said to herself; 'his eyes are so VERY nearly at the top of his head.

But at any rate he might answer questions.--How am I to get in?'

she repeated, aloud.

I shall sit here,' the Footman remarked, 'till tomorrow--' At this moment the door of the house opened, and a large plate came skimming out, straight at the Footman's head: it just grazed his nose, and broke to pieces against one of the trees behind him.'

--or next day, maybe,' the Footman continued in the same tone, exactly as if

imperturbabilità, come se nulla fosse accaduto.

"Come potrei fare per entrar dentro?" gridò di nuovo Alice, ma con voce più forte.

"Dovrà ella entrare?" rispose il Servo.

"La è questa la questione principale."

E aveva ragione; soltanto Alice non voleva che le fosse fatta quella domanda.

"È orribile," mormorò fra sé, "il modo con cui arguiscono coteste bestie.

Mi farebbero impazzare!"

Il Servo colse quella propizia opportunità per ripetere l'osservazione con qualche variante:

"Io siederò qui, su per giù, per giorni e giorni."

"Ma che cosa debbo io fare?" domandò Alice.

"Quel che vuole," rispose il Servo, e si mise a zufolare.

"È inutile parlare con lui," disse Alice, tutta disperata: "è un idiota spaccato!"

E aprì l'uscio ed entrò.

Quell'uscio dava diritto a una cucina spaziosa, da un capo all'altro tutta ripiena di fumo: la Duchessa sedeva nel mezzo sopra uno sgabello a tre piedi, e ninnava un bambino; la cuoca era in faccia al fornello, mestando un calderone che pareva pieno di minestra.

"Certo c'è troppo pepe in quella minestra!" disse Alice a se stessa, non potendo rattenere gli starnuti.

Ma davvero c'era troppo pepe nell'aria.

Anche la Duchessa starnutiva qualche

nothing had happened.

How am I to get in?' asked Alice again, in a louder tone.

ARE you to get in at all?' said the Footman.

That's the first question, you know.'

It was, no doubt: only Alice did not like to be told so.

It's really dreadful,' she muttered to herself, 'the way all the creatures argue.

It's enough to drive one crazy!'

The Footman seemed to think this a good opportunity for repeating his remark, with variations.

I shall sit here,' he said, 'on and off, for days and days.'

But what am I to do?' said Alice.

Anything you like,' said the Footman, and began whistling.

Oh, there's no use in talking to him,' said Alice desperately: 'he's perfectly idiotic!'

And she opened the door and went in.

The door led right into a large kitchen, which was full of smoke from one end to the other: the Duchess was sitting on a three-legged stool in the middle, nursing a baby; the cook was leaning over the fire, stirring a large cauldron which seemed to be full of soup.

There's certainly too much pepper in that soup!' Alice said to herself, as well as she could for sneezing.

There was certainly too much of it in the air.

Even the Duchess sneezed occasionally;

volta; e quanto al bimbo non faceva altro che starnutire e strillava a vicenda senza posa.

I soli due esseri che non starnutivano nella cucina, erano la Cuoca, e un grosso gatto che stava accoccolato presso il focolare e ghignando con la bocca, da un orecchio all'altro.

"Mi dica, di grazia," domandò Alice, un po' timidamente, perché non era certa se fosse buona creanza di cominciare a parlare, "perché il suo gatto ghigna così?"

"È un Ghignagatto," rispose la Duchessa, "ecco il perché.

Porco!"

Ella pronunziò l'ultima parola con una tale furia che Alice trasalì; ma subito s'accorse che quel titolo era dato al bambino e non già a lei, così si rianimò, e continuò a dire: "Non sapeva che i gatti ghignassero a quel modo: anzi non sapeva neppure che i gatti POTESSERO ghignare."

"Tutti lo possono," rispose la Duchessa; "e la maggior parte ghignano."

"Non ne conosco alcuno che faccia il ghigno," replicò Alice con molto rispetto, e contenta ch'era entrata in conversazione.

"Voi non sapete molto," disse la Duchessa; "e questo è quanto!"

Non piacque punto ad Alice quella risposta secca, e pensò di mutar discorso.

Mentre cercava un argomento, la cuoca tolse il calderone della minestra dal fuoco, e tosto si mise a gettar tutto ciò che le stava vicino contro alla Duchessa ed al bambino—prima volarono le molle e la paletta; poi un nembo di casseruole, di piatti e di tondi.

and as for the baby, it was sneezing and howling alternately without a moment's pause.

The only things in the kitchen that did not sneeze, were the cook, and a large cat which was sitting on the hearth and grinning from ear to ear.

Please would you tell me,' said Alice, a little timidly, for she was not quite sure whether it was good manners for her to speak first, 'why your cat grins like that?'

It's a Cheshire cat,' said the Duchess, 'and that's why.

Pig!'

She said the last word with such sudden violence that Alice quite jumped; but she saw in another moment that it was addressed to the baby, and not to her, so she took courage, and went on again:-- 'I didn't know that Cheshire cats always grinned; in fact, I didn't know that cats COULD grin.'

They all can,' said the Duchess; 'and most of 'em do.'

I don't know of any that do,' Alice said very politely, feeling quite pleased to have got into a conversation.

You don't know much,' said the Duchess; 'and that's a fact.'

Alice did not at all like the tone of this remark, and thought it would be as well to introduce some other subject of conversation.

While she was trying to fix on one, the cook took the cauldron of soup off the fire, and at once set to work throwing everything within her reach at the Duchess and the baby--the fire-irons came first; then followed a shower of saucepans, plates, and dishes.

La Duchessa non se ne dette per intesa nemmeno quando era colpita; e il bimbo guaiva di già tanto forte che non si poteva sapere se i colpi gli facessero male o no.

"Ma faccia attenzione a quel che fa!"

gridò Alice, saltando qua e là tutta spaventata.

"Addio naso!" continuò a dire, mentre una grossa casseruola volò vicino al naso del mimo, e poco mancò che non glielo portasse via.

"Se ognuno badasse alle proprie faccende," esclamò la Duchessa con voce rauca, "il mondo girerebbe più presto di quello che non fa ora."

"Ciò NON sarebbe un bene," disse Alice, lieta di poter far pompa della sua erudizione.

"Pensi che confusione farebbe del giorno e della notte!

Ella sa che la terra impiega ventiquattro ore per girare intorno al suo asse----" "A proposito di asce!" gridò la Duchessa, "tagliatele il capo!"

Alice guardò con ansietà la cuoca per vedere se ella ubbidisse al cenno; ma la cuoca era occupata a dimenare la minestra, e non pareva che avesse ascoltato, perciò andò innanzi dicendo: "Ventiquattr'ore, CREDO; o dodici? Io----" "Oh non MI seccate," disse la Duchessa; "Non ho mai potuto sopportare le cifre!"

E rincominciò a cullare il bimbo, cantando una certa Ninna-Nanna, e dandogli una violenta scossa alla fine d'ogni strofa:

"Parla duramente al tuo bambino,
Dagli batte se starnuta;
Ei guaisce il malandrino perché il pepe
mio rifiuta!

The Duchess took no notice of them even when they hit her; and the baby was howling so much already, that it was quite impossible to say whether the blows hurt it or not.

Oh, PLEASE mind what you're doing!'

cried Alice, jumping up and down in an agony of terror.

Oh, there goes his PRECIOUS nose'; as an unusually large saucepan flew close by it, and very nearly carried it off.

If everybody minded their own business,' the Duchess said in a hoarse growl, 'the world would go round a deal faster than it does.'

Which would NOT be an advantage,' said Alice, who felt very glad to get an opportunity of showing off a little of her knowledge.

Just think of what work it would make with the day and night!

You see the earth takes twenty-four hours to turn round on its axis--' 'Talking of axes,' said the Duchess, 'chop off her head!'

Alice glanced rather anxiously at the cook, to see if she meant to take the hint; but the cook was busily stirring the soup, and seemed not to be listening, so she went on again: 'Twenty-four hours, I THINK; or is it twelve?

I--' 'Oh, don't bother ME,' said the Duchess; 'I never could abide figures!'

And with that she began nursing her child again, singing a sort of lullaby to it as she did so, and giving it a violent shake at the end of every line:

Speak roughly to your little boy,
And beat him when he sneezes:
He only does it to annoy,
Because he knows it teases.'

Ei ci annoia co' suoi lai!"

(Coro al quale si uniscono la Cuoca e il bimbo):-- "Guai!

Guai!

Guai!

Guai!" Mentre la Duchessa cantava la seconda strofa, faceva saltare il bimbo su e giù con molta violenza, e il poverino guaiva tanto che Alice appena potette udire le parole della poesia:

"Parlo duramente al mio bambino,
Lo sculaccio se starnuta, perché il pepe,
il malandrino, Quando ei vuol, non lo rifiuta.
Ei ci annoia co' suoi lai!"

CORO. "Guai!

Guai!

Guai!

Guai!" "Tenete!

voi ve lo potrete ninnare un poco se v'aggrada!"

disse la Duchessa ad Alice, buttandole il bimbo in braccio.

"Bisogna ch'io vada a prepararmi per giocare una partita a croquet con la Regina," e scappò via.

La cuoca le scaraventò addosso una padella, e per poco non la colse.

Alice afferrò il bimbo ma con qualche difficoltà, perché la era una creaturina molto strana; e le sue mani e i suoi piedi guizzavano verso tutti i lati, "proprio come quell'animaletto marino che si chiama stella," pensò Alice.

Il poverino, quando Alice lo prese, stronfiava come una macchina a vapore, e continuava a contorcersi e a stiracchiarsi, di tal che ella ebbe la maggior pena del mondo per tenerlo.

Quando la fanciulla trovò la maniera di ninnarlo a modo (e ciò consisteva

CHORUS. (In which the cook and the baby joined):-- 'Wow!

wow!

wow!'

While the Duchess sang the second verse of the song, she kept tossing the baby violently up and down, and the poor little thing howled so, that Alice could hardly hear the words:

-- 'I speak severely to my boy,
I beat him when he sneezes;
For he can thoroughly enjoy
The pepper when he pleases!'

CHORUS. 'Wow!

wow!

wow!'

Here!

you may nurse it a bit, if you like!'

the Duchess said to Alice, flinging the baby at her as she spoke.

I must go and get ready to play croquet with the Queen,' and she hurried out of the room.

The cook threw a frying-pan after her as she went out, but it just missed her.

Alice caught the baby with some difficulty, as it was a queer-shaped little creature, and held out its arms and legs in all directions, 'just like a star-fish,' thought Alice.

The poor little thing was snorting like a steam-engine when she caught it, and kept doubling itself up and straightening itself out again, so that altogether, for the first minute or two, it was as much as she could do to hold it.

As soon as she had made out the proper way of nursing it, (which was to twist it

nell'averlo avvolto bene come un nodo, e afferrato all'orecchio destro e al piede sinistro, per non permettergli di sciogliersi) lo portò all'aria aperta.

"SE non porto via questo bambino meco," osservò Alice, "è certo che qualche giorno l'ammazzeranno; non sarei colpevole d'un assassinio se lo abbandonassi?"

Ella pronunziò le ultime parole a voce alta, e il poverino si mise a grugnire per risponderle (non starnutiva più allora).

"Non grugnire," disse Alice, "non sta bene esprimersi a quel modo."

Il bimbo grugnì di nuovo, e Alice lo guardò con molta ansietà per vedere che avesse.

Aveva un naso che s'arricciava TROPPO, e non c'era dubbio che rassomigliava più a un grugno che a un naso naturale; e poi gli occhi s'impiccolivano tanto che non parevano occhi di bambino: tutto insieme quell'aspetto non piaceva ad Alice punto, punto.

"Forse singhiozzava," pensò ella, e riguardò di nuovo ai suoi occhi per vedere se vi fossero lagrime.

Ma non ce n'erano.

"Carino mio, se tu ti trasformi in porcellino," disse Alice seriamente, "non voglio aver più nulla a fare con te. Bada a te dunque!"

Il poverino si rimise a singhiozzare (forse grugniva, ma era difficile il distinguere), e andarono innanzi silenziosamente per qualche tempo.

Alice aveva appena cominciato a riflettere, "Che cosa ho da fare di questa creatura quando la porterò a casa?"

allorché grugnì di nuovo, e tanto forte, che tutta spaventata si mise a riguardarla in faccia.

up into a sort of knot, and then keep tight hold of its right ear and left foot, so as to prevent its undoing itself,) she carried it out into the open air.

IF I don't take this child away with me,' thought Alice, 'they're sure to kill it in a day or two: wouldn't it be murder to leave it behind?'

She said the last words out loud, and the little thing grunted in reply (it had left off sneezing by this time).

Don't grunt,' said Alice; 'that's not at all a proper way of expressing yourself.'

The baby grunted again, and Alice looked very anxiously into its face to see what was the matter with it.

There could be no doubt that it had a VERY turn-up nose, much more like a snout than a real nose; also its eyes were getting extremely small for a baby: altogether Alice did not like the look of the thing at all.

But perhaps it was only sobbing,' she thought, and looked into its eyes again, to see if there were any tears.

No, there were no tears.

If you're going to turn into a pig, my dear,' said Alice, seriously, 'I'll have nothing more to do with you. Mind now!'

The poor little thing sobbed again (or grunted, it was impossible to say which), and they went on for some while in silence.

Alice was just beginning to think to herself, 'Now, what am I to do with this creature when I get it home?'

when it grunted again, so violently, that she looked down into its face in some alarm.

Questa volta NON c'era più dubbio; era un porcellino bell'e buono, ed essa fu persuasa che non c'era più ragione di portarlo oltre.

Così depose quella creaturina a terra, e si sentì sollevata quando la vide trottare via quietamente verso la foresta.

"Se fosse cresciuto," disse fra sé, "sarebbe stato un bruttissimo ragazzo; ma diventerà, un bellissimo porco, credo."

E riandò con la memoria a certi fanciulli che conosceva, i quali potrebbero essere buonissimi porcellini, e stava per dire, "se uno conoscesse il vero modo di mutarli--" quando trasaltò un poco di paura vedendo il Ghignagatto, accoccolato sopra un ramo d'albero, a pochi metri di distanza.

Il Gatto fece soltanto un ghigno quando vide Alice.

Sembra di buon umore, pensò; ciò non di meno ha le unghie TROPPO lunghe, ed ha troppi denti, perciò bisognerà trattarlo con molta deferenza.

"Ghignamicio," cominciò a dire con un poco di timidità, perché non sapeva se gli piacesse quel titolo; ciò non di meno egli non fece altro che ghignare più apertamente.

"Via, ci ha piacere," pensò Alice, e continuò, "Vorresti dirmi, quale via dovrei infilare da qui?"

"Ciò dipende molto dal luogo dove vorresti andare," rispose il Gatto.

"Poco importa dove----" disse Alice.

"Allora poco importa di sapere quale via dovresti prendere," soggiunse il Gatto."

---- purché giunga a QUALCHE LUOGO," riprese Alice, come se volesse spiegarsi meglio.

"Oh certo, vi giungerai!" disse il Gatto,

This time there could be NO mistake about it: it was neither more nor less than a pig, and she felt that it would be quite absurd for her to carry it further.

So she set the little creature down, and felt quite relieved to see it trot away quietly into the wood.

If it had grown up,' she said to herself, 'it would have made a dreadfully ugly child: but it makes rather a handsome pig, I think.'

And she began thinking over other children she knew, who might do very well as pigs, and was just saying to herself, 'if one only knew the right way to change them--' when she was a little startled by seeing the Cheshire Cat sitting on a bough of a tree a few yards off.

The Cat only grinned when it saw Alice.

It looked good-natured, she thought: still it had VERY long claws and a great many teeth, so she felt that it ought to be treated with respect.

Cheshire Puss,' she began, rather timidly, as she did not at all know whether it would like the name: however, it only grinned a little wider.

Come, it's pleased so far,' thought Alice, and she went on. 'Would you tell me, please, which way I ought to go from here?'

That depends a good deal on where you want to get to,' said the Cat.

I don't much care where--' said Alice.

Then it doesn't matter which way you go,' said the Cat.'

--so long as I get SOMEWHERE,' Alice added as an explanation.

Oh, you're sure to do that,' said the Cat,

"sai il proverbio italiano, 'tanto cammina sino che arriva.

" Alice sentì che quel proverbio non poteva essere contraddetto, e tentò un altra domanda.

"Che razza di gente abita in questi dintorni?"

"Di là," rispose il Gatto, girando la zampa destra, "abita un Cappellaio; e di qua," indicando con l'altra zampa, "abita una Lepre-marzolina.

Visita chi vuoi de' due: sono entrambi matti."

"Ma non mi piace d'andare dai matti," osservò Alice.

"Oh, non c'è modo d'uscirne," disse il Gatto: "qui siam tutti matti.

Io son matto.

Tu sei matta."

"Come sai ch'io sono matta?"

domandò Alice.

"Tu devi esserla," disse il Gatto, "altrimenti non saresti venuta qui."

Non parve una ragione sufficiente ad Alice, ma pure continuò: "oh come sai che tu sei matto?"

"Per cominciare," disse il Gatto, "un cane non è matto.

Ne convieni?"

"Lo suppongo,"

rispose Alice.

"Bene," continuò il Gatto, "un cane brontola quando è arrabbiato, ed agita la coda quando è contento.

Ora io brontolo quando son contento, ed agito la coda quando sono arrabbiato.

Dunque son matto."

"Io direi far le fusa, e non già brontolare," disse Alice.

"Dì come vuoi," riprese il Gatto.

'if you only walk long enough.'

Alice felt that this could not be denied, so she tried another question.

What sort of people live about here?'

In THAT direction,' the Cat said, waving its right paw round, 'lives a Hatter: and in THAT direction,' waving the other paw, 'lives a March Hare.

Visit either you like: they're both mad.'

But I don't want to go among mad people,' Alice remarked.

Oh, you can't help that,' said the Cat: 'we're all mad here.

I'm mad.

You're mad.'

How do you know I'm mad?'

said Alice.

You must be,' said the Cat, 'or you wouldn't have come here.'

Alice didn't think that proved it at all; however, she went on 'And how do you know that you're mad?'

To begin with,' said the Cat, 'a dog's not mad.

You grant that?'

I suppose so,'

said Alice.

Well, then,' the Cat went on, 'you see, a dog growls when it's angry, and wags its tail when it's pleased.

Now I growl when I'm pleased, and wag my tail when I'm angry.

Therefore I'm mad.'

I call it purring, not growling,' said Alice.

Call it what you like,' said the Cat.

"Vai tu quest'oggi dalla Regina, a giocare a croquet?"

"Lo desidererei tanto," rispose Alice, "ma non sono stata ancora invitata."

"Mi vedrai da lei," disse il Gatto, e sparì.

Alice non fu sorpresa da tutto questo: si era di già abituata a veder cose strane.

Mentre guardava ancora al ramo dov'era stato il Gatto, eccotelo ricomparire di nuovo.

"A proposito, che n'è del bimbo?" disse il Gatto.

"Aveva dimenticato di domandartene."

"Si mutò in porcellino," rispose Alice senza scomporsi, come che il Gatto fosse riapparito in modo naturale.

"Me l'ero immaginato," disse il Gatto, e sparì di nuovo.

Alice aspettò un poco, mezzo persuasa che riapparisse nuovamente, ma non ricomparve, e pochi istanti dopo si diresse alla via dove abitava la Lepre-marzolina,

"Di cappellai ne ho veduti tanti," disse fra sé: "sarà più interessante per me la Lepre-marzolina, e come siamo a Maggio non sarà poi tanto matta da legare--almeno meno matta di quel che l'era nel Marzo."

Mentre diceva queste parole, riguardò in alto, ed eccoti di nuovo il Gatto, accoccolato sul ramo d'un albero.

"Dicesti porcellino o porcellana?" domandò il Gatto.

"Dissi porcellino," rispose Alice; "ma ti prego di non apparire e disparire come un lampo: mi fai girare il capo!"

"Sta bene," disse il Gatto; e questa volta sparì lentamente; cominciò con la punta della coda, e finì col suo ghigno, e

Do you play croquet with the Queen to-day?'

I should like it very much,' said Alice, 'but I haven't been invited yet.'

You'll see me there,' said the Cat, and vanished.

Alice was not much surprised at this, she was getting so used to queer things happening.

While she was looking at the place where it had been, it suddenly appeared again.

By-the-bye, what became of the baby?' said the Cat.

I'd nearly forgotten to ask.'

It turned into a pig,' Alice quietly said, just as if it had come back in a natural way.

I thought it would,' said the Cat, and vanished again.

Alice waited a little, half expecting to see it again, but it did not appear, and after a minute or two she walked on in the direction in which the March Hare was said to live.

I've seen hatters before,' she said to herself; 'the March Hare will be much the most interesting, and perhaps as this is May it won't be raving mad--at least not so mad as it was in March.'

As she said this, she looked up, and there was the Cat again, sitting on a branch of a tree.

Did you say pig, or fig?' said the Cat.

I said pig,' replied Alice; 'and I wish you wouldn't keep appearing and vanishing so suddenly: you make one quite giddy.'

All right,' said the Cat; and this time it vanished quite slowly, beginning with the end of the tail, and ending with the

questo resto come una visione sul ramo dopo che tutto era sparito.

"Oh bella! Ho veduto spesso un gatto senza ghigno," osservò Alice, "ma un ghigno senza gatto!

È la cosa più curiosa ch'io abbia mai veduta in tutta la mia vita!"

Non si era dilungata di molto quando si trovò in faccia alla dimora della Lepre-marzolina: pensò che quella fosse proprio la casa, perché le gole dei camini avevano la forma di orecchie, e il tetto era coperto di pelo.

La casa era tanto grande che ella non osò di avvicinarvisi se non dopo aver morsicchiato un poco del fungo che aveva nella mano sinistra, e crebbe quasi due piedi di altezza: ciò non la liberò dall'ansietà, e mentre si avvicinava timidamente alla porta, diceva fra sé, "E se poi fosse matto furioso!

Quasi quasi vorrei essere andata a trovare il Cappellaio!"

grin, which remained some time after the rest of it had gone.

Well! I've often seen a cat without a grin,' thought Alice; 'but a grin without a cat!

It's the most curious thing I ever saw in my life!'

She had not gone much farther before she came in sight of the house of the March Hare: she thought it must be the right house, because the chimneys were shaped like ears and the roof was thatched with fur.

It was so large a house, that she did not like to go nearer till she had nibbled some more of the lefthand bit of mushroom, and raised herself to about two feet high: even then she walked up towards it rather timidly, saying to herself 'Suppose it should be raving mad after all!

I almost wish I'd gone to see the Hatter instead!'

CAPITOLO VII – CHAPTER VII

UN TÈ DI MATTI – A Mad Tea-Party

Sotto un albero in faccia alla casa c'era una tavola apparecchiata, e vi prendevano il tè la Lepre-marzolina e il Cappellaio: un Ghiro che dormiva profondamente stava fra loro, ed essi se ne servivano come se fosse un guanciale, appoggiando i gomiti su lui e discorrendo sopra il suo capo.

There was a table set out under a tree in front of the house, and the March Hare and the Hatter were having tea at it: a Dormouse was sitting between them, fast asleep, and the other two were using it as a cushion, resting their elbows on it, and talking over its head.

"Che disturbo per il Ghiro," pensò Alice, "ma siccome dorme, m'immagino che non ci farà attenzione."

Very uncomfortable for the Dormouse,' thought Alice; 'only, as it's asleep, I suppose it doesn't mind.'

La tavola era spaziosa, pure i tre stavano aggruppati insieme a un angolo: "Non c'è posto!

The table was a large one, but the three were all crowded together at one corner of it: 'No room!

Non c'è posto!"

No room!'

gridarono, quando videro che Alice si avvicinava.

they cried out when they saw Alice coming.

"C'è MOLTO posto!"

There's PLENTY of room!'

disse Alice, sdegnosa, e si mise a sedere in un comodissimo seggiolone che stava ad una delle estremità della tavola.

said Alice indignantly, and she sat down in a large arm-chair at one end of the table.

"Vuole del vino?" disse la Lepre-marzolina con modo attraente.

Have some wine,' the March Hare said in an encouraging tone.

Alice guardò sulla tavola, e vide che non c'era altro che tè.

Alice looked all round the table, but there was nothing on it but tea.

"Non vedo vino," osservò essa.

I don't see any wine,' she remarked.

"Non ce n'è punto," replicò la Lepre-marzolina.

There isn't any,' said the March Hare.

"Ma allora non è cortese, invitandomi a bere quel che non ha," disse Alice sdegnosamente.

Then it wasn't very civil of you to offer it,' said Alice angrily.

"Come non fu punto civile da parte sua di sedersi qui senza essere invitata," osservò la Lepre-marzolina.

It wasn't very civil of you to sit down without being invited,' said the March Hare.

"Non sapevo che la tavola appartenesse a LEI" rispose Alice, "è apparecchiata per più di tre."

I didn't know it was YOUR table,' said Alice; 'it's laid for a great many more than three.'

"Dovrebbe farsi tagliare i capelli," disse il Cappellaio.

Your hair wants cutting,' said the Hatter.

Egli aveva osservato Alice per qualche istante, e con molta curiosità, e furono quelle le prime parole che proferì.

He had been looking at Alice for some time with great curiosity, and this was his first speech.

"Ella non dovrebbe fare osservazioni che sanno di personalità," disse Alice un po' severa: "ciò è molto sconvenevole."

You should learn not to make personal remarks,' Alice said with some severity; 'it's very rude.'

Il Cappellaio spalancò enormemente gli occhi udendo quelle parole; ma DISSE soltanto, "perché un corvo è simile a un coccodrillo?"

The Hatter opened his eyes very wide on hearing this; but all he SAID was, 'Why is a raven like a writing-desk?'

"Via! Ora sì che ci divertiremo!" pensò Alice.

Come, we shall have some fun now!' thought Alice.

"Sono contenta che hanno cominciato a proporre degli indovinelli--credo di potere indovinarlo," soggiunse ad alta voce.

I'm glad they've begun asking riddles.--I believe I can guess that,' she added aloud.

"Intende dire che potrà trovare la risposta?"

Do you mean that you think you can find out the answer to it?'

domandò la Lepre-marzolina.

said the March Hare.

"Sicuramente," rispose Alice.

Exactly so,' said Alice.

"Ebbene dica quel che pensa," disse la Lepre-marzolina.

Then you should say what you mean,' the March Hare went on.

"Ecco," riprese Alice, in fretta; "almeno--almeno intendo quel che dico--e ciò vale lo stesso, capite."

I do,' Alice hastily replied; 'at least--at least I mean what I say--that's the same thing, you know.'

"Niente affatto lo stesso!"

Not the same thing a bit!'

disse il Cappellaio.

said the Hatter.

Sarebbe come dire, "'Vedo quel che mangio' è lo stesso di 'Mangio quel che vedo?'"

You might just as well say that "I see what I eat" is the same thing as "I eat what I see"!'

"Sarebbe come dire," soggiunse la Lepre-marzolina. "'Mi piace ciò che prendo,' è lo stesso che 'Prendo quel che mi piace?'"

You might just as well say,' added the March Hare, 'that "I like what I get" is the same thing as "I get what I like"!'

"Sarebbe come dire," aggiunse il Ghiro che pareva parlasse nel sonno, "'respiro quando dormo' è lo stesso che 'dormo quando respiro?'"

You might just as well say,' added the Dormouse, who seemed to be talking in his sleep, 'that "I breathe when I sleep" is the same thing as "I sleep when I breathe"!'

"E lo stesso per voi," disse il

It IS the same thing with you,' said the

Cappellaio, e qui la conversazione cadde, e tutti sedettero muti per poco tempo, mentre Alice cercò di ricordarsi tutto quel che sapeva su' corvi e su' coccodrilli, ma non era molto.

Il Cappellaio fu il primo a rompere il silenzio.

"Che giorno del mese abbiamo?"

disse, volgendosi ad Alice, mentre prendeva l'orologio dal taschino, e lo guardava con un certo turbamento, scuotendolo di tempo in tempo, e appoggiandolo all'orecchio.

Alice pensò un poco, e rispose, "Li quattro del mese."

"Ritarda di due giorni!"

osservò sospirando il Cappellaio.

"Te lo dissi che il burro non avrebbe giovato al movimento!" soggiunse, guardando rabbiosamente la Lepre-marzolina.

"Era del MIGLIOR burro," rispose sommessamente la Lepre-marzolina.

"Sì, ma devono esserci entrate anche delle miche di pane," borbottò il Cappellaio: "non dovevi metterlo dentro col coltello del pane."

La Lepre-marzolina prese l'orologio e lo guardò mestamente: poi lo tuffò nella sua tazza di tè e lo guardò di nuovo: ma non potette far altro che ripetere l'osservazione fatta pur dianzi: "Era del MIGLIOR burro che si potesse avere, sapete."

Alice intanto lo guardava, con un poco di curiosità, di sopra le spalle, e disse,

"Che curioso orologio!

Indica i giorni del mese, e non già le ore del giorno!"

"perché no?"

esclamò il Cappellaio. "Che forse il

Hatter, and here the conversation dropped, and the party sat silent for a minute, while Alice thought over all she could remember about ravens and writing-desks, which wasn't much.

The Hatter was the first to break the silence.

What day of the month is it?'

he said, turning to Alice: he had taken his watch out of his pocket, and was looking at it uneasily, shaking it every now and then, and holding it to his ear.

Alice considered a little, and then said 'The fourth.'

Two days wrong!'

sighed the Hatter.

I told you butter wouldn't suit the works!' he added looking angrily at the March Hare.

It was the BEST butter,' the March Hare meekly replied.

Yes, but some crumbs must have got in as well,' the Hatter grumbled: 'you shouldn't have put it in with the bread-knife.'

The March Hare took the watch and looked at it gloomily: then he dipped it into his cup of tea, and looked at it again: but he could think of nothing better to say than his first remark, 'It was the BEST butter, you know.'

Alice had been looking over his shoulder with some curiosity.

What a funny watch!'

she remarked.

It tells the day of the month, and doesn't tell what o'clock it is!'

Why should it?'

muttered the Hatter. 'Does YOUR watch

SUO orologio le dice in che anno viviamo?"

"No davvero," si affrettò a rispondere Alice, "perché l'orologio segna lo stesso anno per molto tempo."

"Ciò che appunto accade al MIO," rispose il Cappellaio.

Alice provò un momento di grave imbarazzo.

Le pareva che l'osservazione del Cappellaio non avesse senso di sorta, eppure parlava correttamente.

"Non la comprendo bene," disse con molta delicatezza.

"Il Ghiro è tornato a dormire," disse il Cappellaio, e gli versò un poco di tè scottante sul naso.

Il Ghiro scosse il capo con un moto d'impazienza, e senza aprir gli occhi, disse, "Già! Già! Appunto quello che stavo per dire."

"Ha ancora indovinato l'indovinello?"

disse il Cappellaio, rivolgendosi ad Alice.

"Mi do per vinta," rispose Alice: "Quale è la risposta?"

"Non ne ho la minima idea," rispose il Cappellaio.

"Neppure io," disse la Lepre-marzolina.

Alice sospirò dalla noia e disse:

"Ma credo che sarebbe bene di passar meglio il tempo, che perderne, proponendo indovinelli che non hanno senso."

"Se lei conoscesse il Tempo come lo conosco io," rispose il Cappellaio, "non direbbe che noi ne perdiamo. Non si tratta di me, ma di LUI."

"Non so che ella si dica," osservò Alice.

"Sicuro, non sa!"

disse il Cappellaio, scuotendo il capo

tell you what year it is?'

Of course not,' Alice replied very readily: 'but that's because it stays the same year for such a long time together.'

Which is just the case with MINE,' said the Hatter.

Alice felt dreadfully puzzled.

The Hatter's remark seemed to have no sort of meaning in it, and yet it was certainly English.

I don't quite understand you,' she said, as politely as she could.

The Dormouse is asleep again,' said the Hatter, and he poured a little hot tea upon its nose.

The Dormouse shook its head impatiently, and said, without opening its eyes, 'Of course, of course; just what I was going to remark myself.'

Have you guessed the riddle yet?'

the Hatter said, turning to Alice again.

No, I give it up,' Alice replied: 'what's the answer?'

I haven't the slightest idea,' said the Hatter.

Nor I,' said the March Hare.

Alice sighed wearily.

I think you might do something better with the time,' she said, 'than waste it in asking riddles that have no answers.'

If you knew Time as well as I do,' said the Hatter, 'you wouldn't talk about wasting IT. It's HIM.'

I don't know what you mean,' said Alice.

Of course you don't!'

the Hatter said, tossing his head

con un'aria di disprezzo.

contemptuously.

"Scommetto che lei non ha mai parlato col tempo!"

I dare say you never even spoke to Time!'

"Forse no," rispose prudentemente Alice; "ma so che debbo battere il tempo quando imparo la musica."

Perhaps not,' Alice cautiously replied: 'but I know I have to beat time when I learn music.'

"Ah!

Ah!

e questo spiega tutto," disse il Cappellaio. "Non vuol essere battuto.

that accounts for it,' said the Hatter. 'He won't stand beating.

Se lei non si bisticciasse con lui, egli farebbe dell'orologio ciò che ella vuole.

Now, if you only kept on good terms with him, he'd do almost anything you liked with the clock.

Per esempio, supponga che siano le nove della mattina, ch'è l'ora per le lezioni: basterebbe ch'ella bisbigliasse una parolina al Tempo, e subito girerebbe la lancetta!

For instance, suppose it were nine o'clock in the morning, just time to begin lessons: you'd only have to whisper a hint to Time, and round goes the clock in a twinkling!

Il tocco e mezzo, l'ora del desinare!"

Half-past one, time for dinner!'

("Vorrei che fosse," bisbigliò la Lepre-marzolina.)

('I only wish it was,' the March Hare said to itself in a whisper.)

"Sarebbe magnifica, davvero," disse Alice, pensierosa: "ma non avrei fame a quell'ora, capisce."

That would be grand, certainly,' said Alice thoughtfully: 'but then--I shouldn't be hungry for it, you know.'

"Da principio forse, no," riprese il Cappellaio: "ma lei potrebbe fermarlo sul tocco e mezzo, quando vorrebbe."

Not at first, perhaps,' said the Hatter: 'but you could keep it to half-past one as long as you liked.'

"E lei fa così?"

Is that the way YOU manage?'

domandò Alice.

Alice asked.

Il Cappellaio scosse la testa mestamente e rispose.

The Hatter shook his head mournfully.

"Io no!

Not I!'

he replied.

Ci siamo bisticciati nello scorso marzo---- proprio quando EGLI divenne matto----" (ed indicò col cucchiaino la Lepre-marzolina), "----già, fu al gran concerto dato dalla Regina di Cuori:--ivi dovetti cantare:

We quarrelled last March--just before HE went mad, you know--' (pointing with his tea spoon at the March Hare,) '--it was at the great concert given by the Queen of Hearts, and I had to sing

Tu che al ciel spiegasti l'ali
O mia testa Soppressata!'"

"Twinkle, twinkle, little bat!
How I wonder what you're at!"

"Conosce lei quest'aria?"

You know the song, perhaps?'

"Ho sentito qualche cosa che le rassomiglia," rispose Alice.

I've heard something like it,' said Alice.

"La va di questo verso," continuò il Cappellaio:--

It goes on, you know,' the Hatter continued, 'in this way:--

"'Ti rivolgi a me, fettata,
Teco il pane aggiungerò!'"

"Up above the world you fly,
Like a tea-tray in the sky.
Twinkle, twinkle--'"

Giunto qui, il Ghiro si dette una scossetta, e cominciò a cantare in mezzo al sonno "Teco il pane; teco il pane aggiungerò----" e via, via andò innanzi, sino a che gli si dovettero dare de' pizzicotti per farlo tacere.

Here the Dormouse shook itself, and began singing in its sleep 'Twinkle, twinkle, twinkle, twinkle--' and went on so long that they had to pinch it to make it stop.

"Ebbene, aveva appena finito di cantare la prima quartina," disse il Cappellaio, "che la Regina proruppe furiosa, 'Egli sta assassinando il tempo!

Well, I'd hardly finished the first verse,' said the Hatter, 'when the Queen jumped up and bawled out, "He's murdering the time!

Tagliategli il capo!'"

Off with his head!'"

"Terribilmente feroce!"

How dreadfully savage!'

esclamò Alice.

exclaimed Alice.

"D'allora in poi," continuò mestamente il Cappellaio, "non ha voluto più far quel che io gli chiedo!

And ever since that,' the Hatter went on in a mournful tone, 'he won't do a thing I ask!

Segna sempre le sei."

It's always six o'clock now.'

Un'idea luminosa colpì Alice, e domandò:

A bright idea came into Alice's head.

"È questa forse la ragione per cui vi sono tante tazze apparecchiate?"

Is that the reason so many tea-things are put out here?'

she asked.

"Proprio così," rispose il Cappellaio, con un sospiro: "è sempre l'ora del tè, e non abbiamo mai tempo di risciacquare le tazze."

Yes, that's it,' said the Hatter with a sigh: 'it's always tea-time, and we've no time to wash the things between whiles.'

"E così, andate girando sempre intorno, nei frattempi?"

Then you keep moving round, I suppose?'

disse Alice.

said Alice.

"Proprio così," replicò il Cappellaio: "a misura che le tazze hanno servito."

Exactly so,' said the Hatter: 'as the things get used up.'

"Ma come fate quando venite a ricominciare da capo?"

But what happens when you come to the beginning again?'

Alice ardì domandare.

Alice ventured to ask.

"Se mutassimo il discorso," disse, sbadigliando, la Lepre-marzolina. "Cotesto costi mi secca mortalmente.

Vorrei che la Signorina ci raccontasse una storiella."

"Temo di non saper contarne alcuna," rispose Alice un poco intimorita.

"Allora il Ghiro ce ne dirà una!"

gridarono entrambi. "Risvegliati, Ghiro!"

E lo punzecchiarono dai due lati.

Il Ghiro aprì lentamente gli occhi,

e disse con voce debole e rauca, "Non dormiva, io! Non m'è scappata neppure una parola di quello che dicevate."

"Raccontaci una novella!"

disse la Lepre-marzolina.

"Di grazia, ce ne dica una!"

supplicò Alice.

"E fa' presto," soggiunse il Cappellaio, "se no ti raddormenterai prima di finirla."

"C'erano una volta tre sorelle," cominciò in gran fretta il Ghiro, "e si chiamavano Elce, Clelia e Tilla; e dimoravano nel fondo d'un pozzo----" "Che cosa mangiavano?"

domandò Alice, la quale prendeva sempre un vivo interesse nelle questioni di mangiare e bere.

"Mangiavano Melazzo," rispose il Ghiro, dopo d'averci pensato su qualche istante.

"Ma non lo potevano," osservò Alice, con garbo; "sarebbero cadute ammalate."

"Lo erano, di fatto," rispose il Ghiro, "MOLTO ammalate."

Alice cercò di figurarsi quella strana

Suppose we change the subject,' the March Hare interrupted, yawning. 'I'm getting tired of this.

I vote the young lady tells us a story.'

I'm afraid I don't know one,' said Alice, rather alarmed at the proposal.

Then the Dormouse shall!'

they both cried. 'Wake up, Dormouse!'

And they pinched it on both sides at once.

The Dormouse slowly opened his eyes.

I wasn't asleep,' he said in a hoarse, feeble voice: 'I heard every word you fellows were saying.'

Tell us a story!'

said the March Hare.

Yes, please do!'

pleaded Alice.

And be quick about it,' added the Hatter, 'or you'll be asleep again before it's done.'

Once upon a time there were three little sisters,' the Dormouse began in a great hurry; 'and their names were Elsie, Lacie, and Tillie; and they lived at the bottom of a well--' 'What did they live on?'

said Alice, who always took a great interest in questions of eating and drinking.

They lived on treacle,' said the Dormouse, after thinking a minute or two.

They couldn't have done that, you know,' Alice gently remarked; 'they'd have been ill.'

So they were,' said the Dormouse; 'VERY ill.'

Alice tried to fancy to herself what such

maniera di vivere, ma ne resto confusa, e continuò: "Ma perché vivevano nel fondo d'un pozzo?"

"Prenda un po' più di tè," disse la Lepre-marzolina, con molta premura.

"Non ho preso ancora nulla," rispose Alice, tutta offesa, "così non posso prenderne di più."

"Vuoi dire che non ne può prender MENO," disse il Cappellaio: "è molto più facile prendere PIÙ che nulla."

"Niuno ha domandato il SUO parere," soggiunse Alice.

"Chi è che fa ora delle questioni personali?"

domandò il Cappellaio con aria di trionfo.

Alice non seppe bene che rispondere, ma preso una tazza di tè con pane e burro, e rivolgendosi al Ghiro, gli domandò di nuovo: "perché vivevano nel fondo del pozzo?"

Il Ghiro si mise a riflettere un poco, e rispose, "Era un pozzo di Melazzo."

"Ma non s'è udito mai una cosa simile!"

interruppe Alice con voce sdegnosa; ma la Lepre-marzolina e il Cappellaio vociarono "St! st!"

e il Ghiro continuò con voce burbera, "Se non ha creanza, finisca la novelletta da sé."

"No, la prego di continuare!"

disse Alice molto umilmente: "Non la interromperò più.

Forse ce ne sarà UNO di quei pozzi."

"Uno, eh via!"

rispose il Ghiro sdegnosamente.

Ciò non di meno, pregato, continuò:

an extraordinary ways of living would be like, but it puzzled her too much, so she went on: 'But why did they live at the bottom of a well?'

Take some more tea,' the March Hare said to Alice, very earnestly.

I've had nothing yet,' Alice replied in an offended tone, 'so I can't take more.'

You mean you can't take LESS,' said the Hatter: 'it's very easy to take MORE than nothing.'

Nobody asked YOUR opinion,' said Alice.

Who's making personal remarks now?'

the Hatter asked triumphantly.

Alice did not quite know what to say to this: so she helped herself to some tea and bread-and-butter, and then turned to the Dormouse, and repeated her question. 'Why did they live at the bottom of a well?'

The Dormouse again took a minute or two to think about it, and then said, 'It was a treacle-well.'

There's no such thing!'

Alice was beginning very angrily, but the Hatter and the March Hare went 'Sh! sh!'

and the Dormouse sulkily remarked, 'If you can't be civil, you'd better finish the story for yourself.'

No, please go on!'

Alice said very humbly; 'I won't interrupt again.

I dare say there may be ONE.'

One, indeed!'

said the Dormouse indignantly.

However, he consented to go on.

"E quelle tre sorelle--imparavano a trarne----" "Che cosa traevano?"

domandò Alice, dimenticando che aveva promesso di zittire.

"Del Melazzo," rispose il Ghiro, senza riflettere punto questa volta.

"Ho bisogno d'una tazza pulita," interruppe il Cappellaio; "avanziamo tutti d'un posto avanti!"

E mentre parlava, si mosse, e il Ghiro lo seguì: la Lepre-marzolina occupò il posto del Ghiro, e Alice prese, contro voglia, il posto della Lepre-marzolina.

Il solo Cappellaio profittò di quel mutamento: e Alice si trovò peggio di prima, perché la Lepre-marzolina aveva rovesciato il bricco del latte nel suo tondo.

Alice non voleva offender di nuovo il Ghiro, e disse con molta delicatezza: "Non capisco bene.

Da dove traevano il Melazzo?"

"Ella sa trarre l'acqua dal pozzo d'acqua, non è vero?" disse il Cappellaio; "ebbene si può così trarre Melazzo da un pozzo di Melazzo—eh! stupidina!"

Questa risposta accrebbe talmente la confusione d'Alice, che ella permise al Ghiro di continuare, senza interromperlo più.

"Imparavano a trarre," continuò il Ghiro, sbadigliando e stropicciandosi gli occhi, perché moriva di sonno; "e traevano cose d'ogni genere---- tutto quel che comincia con una T----" "perché con una T?"

domandò Alice.

And so these three little sisters--they were learning to draw, you know--' 'What did they draw?'

said Alice, quite forgetting her promise.

Treacle,' said the Dormouse, without considering at all this time.

I want a clean cup,' interrupted the Hatter: 'let's all move one place on.'

He moved on as he spoke, and the Dormouse followed him: the March Hare moved into the Dormouse's place, and Alice rather unwillingly took the place of the March Hare.

The Hatter was the only one who got any advantage from the change: and Alice was a good deal worse off than before, as the March Hare had just upset the milk-jug into his plate.

Alice did not wish to offend the Dormouse again, so she began very cautiously: 'But I don't understand. Where did they draw the treacle from?'

You can draw water out of a water-well,' said the Hatter; 'so I should think you could draw treacle out of a treacle-well--eh, stupid?' 'But they were IN the well,' Alice said to the Dormouse, not choosing to notice this last remark. 'Of course they were', said the Dormouse; '--well in.'

This answer so confused poor Alice, that she let the Dormouse go on for some time without interrupting it.

They were learning to draw,' the Dormouse went on, yawning and rubbing its eyes, for it was getting very sleepy; 'and they drew all manner of things--everything that begins with an M--' 'Why with an M?'

said Alice.

"perché no?"

gridò la Lepre-marzolina.

Alice zittì.

Il Ghiro intanto aveva chiusi gli occhi, e cominciava un sonnellino; ma punzecchiato dal Cappellaio, si risvegliò con un gemito, e continuò: "

----che comincia con una T, come una Trappola, un Topo, una Topaia, un Troppo--già, ella dice

il troppo stroppia '--oh, non ha mai veduto il ritratto d'un 'troppo stroppia'?"

"Veramente, ora che lei mi domanda," disse Alice, molto confusa, "non so----"
"Allora non parli," disse il Cappellaio.

Questa sgarbatezza urtò la sensibilità di Alice: si alzò assai sdegnata e uscì fuori; il Ghiro si addormentò in un attimo e niuno degli altri due notò che Alice era uscita, benché ella si fosse rivoltata indietro una o due volte, con una mezza speranza che la richiamassero:

però l'ultima volta vide che le due birbe cercavano di tuffare il Ghiro nel vaso da tè.

"Mai più CI tornerò,"

disse Alice internandosi nella foresta.

"È la più stupida società in mezzo a cui io mi sia trovata!"

Mentre parlava così, osservò che un albero aveva un uscio pel quale s'entrava proprio dentro.

"Oh ciò è molto curioso!"

pensò Alice.

"Ma ogni cosa oggi è curiosa.

Credo che farò bene ad entrare."

Ed entrò. Si trovò di nuovo nel lungo

Why not?'

said the March Hare.

Alice was silent.

The Dormouse had closed its eyes by this time, and was going off into a doze; but, on being pinched by the Hatter, it woke up again with a little shriek, and went on:

--that begins with an M, such as mouse-traps, and the moon, and memory, and muchness

--you know you say things are "much of a muchness"--did you ever see such a thing as a drawing of a muchness?'

Really, now you ask me,' said Alice, very much confused, 'I don't think--'
'Then you shouldn't talk,' said the Hatter.

This piece of rudeness was more than Alice could bear: she got up in great disgust, and walked off; the Dormouse fell asleep instantly, and neither of the others took the least notice of her going, though she looked back once or twice, half hoping that they would call after her:

the last time she saw them, they were trying to put the Dormouse into the teapot.

At any rate I'll never go THERE again!'

said Alice as she picked her way through the wood.

It's the stupidest tea-party I ever was at in all my life!'

Just as she said this, she noticed that one of the trees had a door leading right into it.

That's very curious!'

she thought.

But everything's curious today.

I think I may as well go in at once.'

And in she went. Once more she found

salone, e presso al tavolino di cristallo.

"Questa volta farò meglio," disse fra sé, e prese la chiavetta d'oro ed aprì l'uscio che conduceva al giardino.

Poi si mise a morsecchiare il fungo (ne aveva conservato un pezzettino nella tasca), sino a che ebbe un piede d'altezza o giù di lì: traversò il piccolo andito: e POI--si ritrovò finalmente nell'ameno giardino in mezzo ad aiuole lussureggianti di fiori, ed a fontane fresche.

herself in the long hall, and close to the little glass table.

Now, I'll manage better this time,' she said to herself, and began by taking the little golden key, and unlocking the door that led into the garden.

Then she went to work nibbling at the mushroom (she had kept a piece of it in her pocket) till she was about a foot high: then she walked down the little passage: and THEN--she found herself at last in the beautiful garden, among the bright flower-beds and the cool fountains.

CAPITOLO VIII – CHAPTER VIII

IL CROQUET DELLA REGINA – The Queen's Croquet-Ground

Un magnifico roseto stava vicino all'ingresso del giardino: le sue rose erano bianche, ma tre giardinieri che gli stavano d'intorno erano occupati a colorirle di rosso.

A large rose-tree stood near the entrance of the garden: the roses growing on it were white, but there were three gardeners at it, busily painting them red.

Davvero, è curioso! pensò Alice, e si avvicinò per osservarli, e quando vi fu presso sentì che uno di loro diceva, "Fa attenzione, Cinque!

Alice thought this a very curious thing, and she went nearer to watch them, and just as she came up to them she heard one of them say, 'Look out now, Five!

Non mi schizzare con le tue pennellate!"

Don't go splashing paint over me like that!'

"Non ho potuto farne di meno," rispose Cinque, con tuono burbero; "Sette mi ha urtato il gomito."

I couldn't help it,' said Five, in a sulky tone; 'Seven jogged my elbow.'

Sette lo guardò e disse, "Ma bene!

On which Seven looked up and said, 'That's right, Five!

Cinque incolpa sempre gli altri!"

Always lay the blame on others!'

"TU faresti meglio di zittire!"

YOU'D better not talk!'

disse Cinque.

said Five.

"Non più tardi di ieri, sentii che la Regina diceva che tu meriteresti d'essere decollato!"

I heard the Queen say only yesterday you deserved to be beheaded!'

"perché?"

What for?'

domandò il primo che aveva parlato.

said the one who had spoken first.

"Ciò non preme a TE, Due!"

That's none of YOUR business, Two!'

ripose Sette.

said Seven.

"GLI preme, certo!"

Yes, it IS his business!'

disse Cinque, "e glielo dirò io--perché portasti al cuoco bulbi di tulipano invece di cipolle."

said Five, 'and I'll tell him--it was for bringing the cook tulip-roots instead of onions.'

Sette scaraventò lontano il suo pennello e stava lì lì per dire, "In mezzo a tutte le cose le più ingiuste----" quando s'accorse d'Alice che li osservava, e divorò il resto della frase: gli altri la guardarono del pari e le fecero tutti una

Seven flung down his brush, and had just begun 'Well, of all the unjust things--' when his eye chanced to fall upon Alice, as she stood watching them, and he checked himself suddenly: the others looked round also, and all of

profonda riverenza.

"Mi direste," domandò Alice, ma timidamente, "perché state colorendo quelle rose?"

Cinque e Sette non risposero, ma guardarono Due.

Due disse allora con voce bassa, "E' perché, questo doveva essere un roseto di rose ROSSE, e noi per sbaglio ne abbiam piantato uno che dà rose bianche; ora, se la Regina se ne accorgesse, a tutti le teste sarebbero tagliate.

Così, Signorina, facciamo il meglio per riparare pria che venga a----" In quell'istante, Cinque che guardava attorno con ansietà, gridò "La Regina!

La Regina!"

e i tre giardinieri si misero subito con la faccia per terra.

Si sentì un grande scalpiccio, e Alice si mise a guardare per veder la Regina.

Prima comparvero dieci soldati armati di bastoni: erano conformati come i tre giardinieri, bislunghi e piatti, con le mani e i piedi agli angoli: seguivano dieci cortigiani, tutti sfolgoranti di diamanti; andavano a due a due, come i soldati.

Venivano poi i principini reali; erano dieci, divisi a coppie e tenendosi per la mano,--andavano innanzi quegli amorini saltando come matti: erano ornati di cuori.

Poi sfilavano gl'invitati, la maggior parte Re e Regine, e fra loro Alice riconobbe il Coniglio bianco; discorreva con una fretta nervosa, facendo bocca da ridere a chiunque gli parlava, e passò oltre senza punto badare ad Alice.

Seguiva il Fante di Cuori, portando la

them bowed low.

Would you tell me,' said Alice, a little timidly, 'why you are painting those roses?'

Five and Seven said nothing, but looked at Two.

Two began in a low voice, 'Why the fact is, you see, Miss, this here ought to have been a RED rose-tree, and we put a white one in by mistake; and if the Queen was to find it out, we should all have our heads cut off, you know.

So you see, Miss, we're doing our best, afore she comes, to--' At this moment Five, who had been anxiously looking across the garden, called out 'The Queen!

The Queen!'

and the three gardeners instantly threw themselves flat upon their faces.

There was a sound of many footsteps, and Alice looked round, eager to see the Queen.

First came ten soldiers carrying clubs; these were all shaped like the three gardeners, oblong and flat, with their hands and feet at the corners: next the ten courtiers; these were ornamented all over with diamonds, and walked two and two, as the soldiers did.

After these came the royal children; there were ten of them, and the little dears came jumping merrily along hand in hand, in couples: they were all ornamented with hearts.

Next came the guests, mostly Kings and Queens, and among them Alice recognised the White Rabbit: it was talking in a hurried nervous manner, smiling at everything that was said, and went by without noticing her.

Then followed the Knave of Hearts,

Corona Reale sopra un cuscino di velluto rosso; e finalmente venivano IL RE E LA REGINA DI CUORI.

carrying the King's crown on a crimson velvet cushion; and, last of all this grand procession, came THE KING AND QUEEN OF HEARTS.

Alice non sapeva se dovesse cadere a faccia per terra come i tre giardinieri, ma non poté ricordarsi che ci fosse un tal cerimoniale nelle processioni regie;

Alice was rather doubtful whether she ought not to lie down on her face like the three gardeners, but she could not remember ever having heard of such a rule at processions;

"e poi, a che servirebbero coteste processioni," riflette fra sé, "se tutti dovessero stare a faccia per terra, e niuno potesse vederle?"

and besides, what would be the use of a procession,' thought she, 'if people had all to lie down upon their faces, so that they couldn't see it?'

Così resto dov'era, ed aspettò.

So she stood still where she was, and waited.

Allorché la processione giunse vicina ad Alice, tutti si fermarono e la guardarono; e la Regina gridò con cipiglio severo, "Chi è costei?"

When the procession came opposite to Alice, they all stopped and looked at her, and the Queen said severely 'Who is this?'

e si rivolse al Fante di Cuori, il quale rispose con un risolino e una riverenza.

She said it to the Knave of Hearts, who only bowed and smiled in reply.

"Imbecille!"

Idiot!'

disse la Regina, e impaziente, scosse il capo; indi rivolgendosi ad Alice, continuò a dire, "Come ti chiami fanciulla?"

said the Queen, tossing her head impatiently; and, turning to Alice, she went on, 'What's your name, child?'

"Maestà, mi chiamo Alice," rispose la fanciulla con molta garbatezza, ma soggiunse a se stessa, "Non è che un mazzo di carte soltanto.

My name is Alice, so please your Majesty,' said Alice very politely; but she added, to herself, 'Why, they're only a pack of cards, after all.

Non c'è da aver paura di costoro!"

I needn't be afraid of them!'

"E chi sono costoro?"

And who are THESE?'

domandò la Regina, indicando i tre giardinieri che baciavano la polvere intorno al roseto; perché, capite, siccome giacevano sulle lor facce, e il disegno del loro di dietro rassomigliava a quello del resto del mazzo,

said the Queen, pointing to the three gardeners who were lying round the rosetree; for, you see, as they were lying on their faces, and the pattern on their backs was the same as the rest of the pack,

non sapeva discernere se fossero giardinieri, o soldati, o cortigiani, o tre de' suoi propri figli.

she could not tell whether they were gardeners, or soldiers, or courtiers, or three of her own children.

"Come volete ch' io lo sappia,"

How should I know?'

rispose Alice, che si meravigliava del suo proprio coraggio.

"Ciò non MI spetta."

La Regina diventò di fiamma per la rabbia, dopo d'averla fissata ferocemente come una bestia selvaggia, gridò, "Tagliatele il capo!

subito----" "Eh, via!"

rispose Alice a voce alta e con fermezza, e la Regina si tacque.

Il Re appoggiò la mano sul braccio della Regina, e disse timidamente, "Cara mia, riflettici bene su: la è una bambina!"

La Regina gli voltò le spalle con viso irato, e disse al Fante, "Rivoltateli!"

Il Fante ubbidì, e con un piede li rivoltò cautamente.

"Levatevi!"

urlò la Regina, e i tre giardinieri si alzarono immediatamente, e s'inchinarono davanti al Re, alla Regina, ai figli reali, e a tutti gli altri.

"Basta!"

esclamò la Regina.

"Mi fate girare il capo."

E guardando al roseto, continuò, "Che cosa AVETE fatto al rosaio?"

"Con la buona grazia della Maestà vostra," rispose Due, con voce umile, e piegando il ginocchio a terra, "noi volevamo----" "Lo vedo!"

disse la Regina, che aveva già osservate le rose.

"Tagliate loro il capo!"

e la processione reale si mosse, lasciando indietro tre soldati per mozzare il capo agli sventurati giardinieri, che corsero ad Alice per esser da lei protetti.

said Alice, surprised at her own courage.

It's no business of MINE.'

The Queen turned crimson with fury, and, after glaring at her for a moment like a wild beast, screamed 'Off with her head!

Off--' 'Nonsense!'

said Alice, very loudly and decidedly, and the Queen was silent.

The King laid his hand upon her arm, and timidly said 'Consider, my dear: she is only a child!'

The Queen turned angrily away from him, and said to the Knave 'Turn them over!'

The Knave did so, very carefully, with one foot.

Get up!'

said the Queen, in a shrill, loud voice, and the three gardeners instantly jumped up, and began bowing to the King, the Queen, the royal children, and everybody else.

Leave off that!'

screamed the Queen.

You make me giddy.'

And then, turning to the rose-tree, she went on, 'What HAVE you been doing here?'

May it please your Majesty,' said Two, in a very humble tone, going down on one knee as he spoke, 'we were trying--' 'I see!'

said the Queen, who had meanwhile been examining the roses.

Off with their heads!'

and the procession moved on, three of the soldiers remaining behind to execute the unfortunate gardeners, who ran to Alice for protection.

"Non vi decapiteranno!"

disse Alice, e li mise in un grosso vaso da fiori che stava vicino a lei.

I tre soldati vagarono qua e là per qualche istante, in cerca di loro, e poi quietamente seguirono la processione reale.

"Avete loro recisa la testa?"

gridò la Regina.

"Maestà, le loro teste non ci sono più!"

risposero i soldati.

"Bene!"

gridò la Regina.

"Sapete giuocare a croquet?"

I soldati zittirono, e guardarono Alice, credendo che la domanda fosse rivolta a lei.

"Sì!"

gridò Alice.

"Avvicinatevi dunque!"

urlò la Regina, ed Alice raggiunse la processione, curiosa di sapere ciò che avverrebbe in seguito.

"Fa--fa bel tempo!"

disse una timida vocettina presso a lei.

Vide che ella camminava a canto del Coniglio bianco, che la stava occhiando, affissandola in faccia con un certo fare inquieto e timoroso.

"Bellissimo," rispose Alice: "dov'è la Duchessa?"

"St!

st!"

disse il Coniglio a voce bassa, e parlando in fretta.

Riguardò ansiosamente intorno a lui, ed alzandosi sulla punta de' piedi, bisbigliò all'orecchio della fanciulla, "È sotto sentenza di morte."

You shan't be beheaded!'

said Alice, and she put them into a large flower-pot that stood near.

The three soldiers wandered about for a minute or two, looking for them, and then quietly marched off after the others.

Are their heads off?'

shouted the Queen.

Their heads are gone, if it please your Majesty!'

the soldiers shouted in reply.

That's right!'

shouted the Queen.

Can you play croquet?'

The soldiers were silent, and looked at Alice, as the question was evidently meant for her.

Yes!'

shouted Alice.

Come on, then!'

roared the Queen, and Alice joined the procession, wondering very much what would happen next.

It's--it's a very fine day!'

said a timid voice at her side.

She was walking by the White Rabbit, who was peeping anxiously into her face.

Very,' said Alice: '--where's the Duchess?'

Hush!

Hush!'

said the Rabbit in a low, hurried tone.

He looked anxiously over his shoulder as he spoke, and then raised himself upon tiptoe, put his mouth close to her ear, and whispered 'She's under sentence

"Per quale peccato?" domandò Alice.

"Avete detto 'Che peccato!'?" disse il Coniglio.

"Ma no," rispose Alice: "Non credo punto che sia peccato.

Dissi 'Per quale peccato?'"

"Ha schiaffeggiata la Regina----" cominciò il Coniglio.

Alice scoppiò in una grossa risata. "St!"

bisbigliò il Coniglio tutto tremante,

"La Regina vi potrebbe sentire!

Vedete, essa è venuta un po' tardi, e la Regina ha detto----" "Ai vostri posti!"

gridò la Regina con voce tuonante, e gl'invitati cominciarono a correre verso tutte le direzioni, rovesciandosi gli uni sugli altri: finalmente poterono mettersi in un certo ordine, e poi cominciò il giuoco.

Alice osservò che mai in sua vita non aveva veduto un terreno più curioso per giuocare il Croquet; era tutto a solchi e zolle; le palle erano ricci, i mazzapicchi erano fenicotteri viventi, e gli archi erano soldati viventi, curvati e reggentisi sulle mani e su' piedi.

La prima difficoltà stava in ciò che Alice non sapeva come maneggiare il suo fenicottero; riuscì a tenerselo bene avviluppato sotto il braccio, con le gambe penzoloni,

ma quando gli allungava il collo, e si preparava a picchiare il riccio con la testa, il fenicottero girava il capo e poi si metteva a guardarla in faccia con una espressione tanto stupefatta che ella non poteva far di meno di scoppiare dalle risa:

---

of execution.'

What for?' said Alice.

Did you say "What a pity!"?' the Rabbit asked.

No, I didn't,' said Alice: 'I don't think it's at all a pity.

I said "What for?"'

She boxed the Queen's ears--' the Rabbit began.

Alice gave a little scream of laughter. Oh, hush!'

the Rabbit whispered in a frightened tone.

The Queen will hear you!

You see, she came rather late, and the Queen said--' 'Get to your places!'

shouted the Queen in a voice of tunder, and people began running about in all directions, tumbling up against each other; however, they got settled down in a minute or two, and the game began.

Alice thought she had never seen such a curious croquet-ground in her life; it was all ridges and furrows; the balls were live hedgehogs, the mallets live flamingoes, and the soldiers had to double themselves up and to stand on their hands and feet, to make the arches.

The chief difficulty Alice found at first was in managing her flamingo: she succeeded in getting its body tucked away, comfortably enough, under her arm, with its legs hanging down,

but generally, just as she had got its neck nicely straightened out, and was going to give the hedgehog a blow with its head, it WOULD twist itself round and look up in her face, with such a puzzled expression that she could not help bursting out laughing:

e quando gli abbassava di nuovo il collo, e si accingeva a ricominciare, ecco il riccio si era sricciato, e andava via:

oltre a ciò e era sempre una zolla o un solco là dove voleva sbalzare il riccio, e siccome i soldati si alzavano sempre e vagavano qua e là, Alice si persuase che quello era un giuoco disperatamente difficile.

I giocatori giuocavano tutti insieme senza aspettare la loro volta, litigando sempre e picchiandosi a causa de' ricci; di tal che la Regina ne diventò furiosa, e andava qua e là battendo il piede e vociando ad ogni istante, "Mozzategli il capo!" oppure "Mozzatele il capo!"

Alice cominciò a sentire un po' d'ansietà: è vero che non aveva contrastata con la Regina, ma ciò poteva accadere ad ogni momento, e pensò "che cosa ne sarà di me?

qui hanno un gusto matto a mozzar teste; è una meraviglia se ve ne sia alcuno che abbia ancora il capo sul collo!"

E studiava il modo di scappar via, senza esser veduta, quando osservò un'apparizione curiosa nell'aria;

prima ne resto sorpresa, ma dopo averla riguardata un poco, vide un ghigno, e disse fra sé, "È Ghignagatto: ora avrò qualcheduno con cui discorrere."

"Come va il giuoco?"

disse il Gatto, appena ch'ebbe tanta

and when she had got its head down, and was going to begin again, it was very provoking to find that the hedgehog had unrolled itself, and was in the act of crawling away:

besides all this, there was generally a ridge or furrow in the way wherever she wanted to send the hedgehog to, and, as the doubled-up soldiers were always getting up and walking off to other parts of the ground, Alice soon came to the conclusion that it was a very difficult game indeed.

The players all played at once without waiting for turns, quarrelling all the while, and fighting for the hedgehogs; and in a very short time the Queen was in a furious passion, and went stamping about, and shouting 'Off with his head!' or 'Off with her head!'

about once in a minute.

Alice began to feel very uneasy: to be sure, she had not as yet had any dispute with the Queen, but she knew that it might happen any minute, 'and then,' thought she, 'what would become of me?

They're dreadfully fond of beheading people here; the great wonder is, that there's any one left alive!'

She was looking about for some way of escape, and wondering whether she could get away without being seen, when she noticed a curious appearance in the air:

it puzzled her very much at first, but, after watching it a minute or two, she made it out to be a grin, and she said to herself 'It's the Cheshire Cat: now I shall have somebody to talk to.'

How are you getting on?'

said the Cat, as soon as there was mouth

bocca per cominciare a parlare.

Alice aspettò che gli occhi apparissero, e poi gli fece cenno col capo.

"È inutile parlargli," pensò fra sé, "aspettiamo che almeno gli orecchi compaiano, almeno uno."

Immediatamente apparve tutta la testa, e Alice depose il suo fenicottero, e cominciò il giuoco, lieta che uno le prestasse attenzione.

Il Gatto intanto dopo aver fatto mostra della sua testa, pensò bene a non mostrare il resto del suo corpo.

"Non credo che giuochino lealmente," disse Alice, lagnandosi, "contrastano fra loro furiosamente e non si può sentire neppure la propria voce

--non hanno ordine nel giuoco; e se ve n'è, niuno lo segue--e non potete credere che confusione c'è, perché qui tutto è vivente:

per esempio, ecco l'arco ch'io dovrei traversare, ma mi scappa via all'altra estremità del terreno,--e avrei dovuto fare croquet col riccio della Regina, ma m'è fuggito via appena vide il mio!"

"Come vi piace la Regina?"

domandò il Gatto a voce bassa.

"Punto, punto!" rispose Alice: "la è tanto----" Ma s'accorse che la Regina le stava vicino, origliando, e continuò, "--abile nel giuocare e vincere, ch'è inutile di finire la partita."

La Regina sorrise, e andò altrove.

"Con chi parlate voi?"

domandò il Re, che s'era avvicinato ad Alice, ed osservava la testa del Gatto con molta curiosità.

enough for it to speak with.

Alice waited till the eyes appeared, and then nodded.

It's no use speaking to it,' she thought, 'till its ears have come, or at least one of them.'

In another minute the whole head appeared, and then Alice put down her flamingo, and began an account of the game, feeling very glad she had someone to listen to her.

The Cat seemed to think that there was enough of it now in sight, and no more of it appeared.

I don't think they play at all fairly,' Alice began, in rather a complaining tone, 'and they all quarrel so dreadfully one can't hear oneself speak

--and they don't seem to have any rules in particular; at least, if there are, nobody attends to them--and you've no idea how confusing it is all the things being alive;

for instance, there's the arch I've got to go through next walking about at the other end of the ground--and I should have croqueted the Queen's hedgehog just now, only it ran away when it saw mine coming!'

How do you like the Queen?'

said the Cat in a low voice.

Not at all,' said Alice: 'she's so extremely--' Just then she noticed that the Queen was close behind her, listening: so she went on, '--likely to win, that it's hardly worth while finishing the game.'

The Queen smiled and passed on.

Who ARE you talking to?'

said the King, going up to Alice, and looking at the Cat's head with great curiosity.

"È un amico mio--un Ghignagatto," disse Alice, "vorrei presentarlo a Vostra Maestà."

"Non mi piace punto il ceffo che ha," rispose il Re; "ma può baciarmi la mano, se vuole."

"Non ne ho punto voglia," osservò il Gatto.

"Non siate impertinente," disse il Re, "e non mi guardate a quel modo."

E mentre parlava si nascondeva dietro ad Alice.

"Un gatto può guardare un Re," osservò Alice, "l'ho letto in qualche libro, ma non ricordo quale."

"Bene, ma bisogna cacciarlo via," disse il Re con voce autorevole, e chiamò la Regina che passava colà in quel momento, "Cara mia!

Vorrei che quel gatto fosse cacciato via!"

La Regina conosceva una sola maniera per appianare tutte le difficoltà, grandi o piccole che fossero, e perciò senza neppure guardare intorno, gridò,

"Mozzategli il capo!"

disse lei, senza guardarsi in giro.

"Andrò io stesso a cercare il boia," disse il Re, e andò via frettolosamente.

Alice pensò che sarebbe bene d'andare a vedere come il giuoco progrediva, tanto più che sentì da lontano la voce della Regina che urlava con ira.

Ella aveva di già sentito che aveva condannato nel capo tre giocatori che avevano mancato alla loro volta; tutto ciò non le piaceva, perché il giuoco era caduto in tale confusione che ella non sapeva più se la sua volta fosse venuta o no.

Andò dunque in cerca del suo riccio.

Il riccio stava allora battagliando contro

It's a friend of mine--a Cheshire Cat,' said Alice: 'allow me to introduce it.'

I don't like the look of it at all,' said the King: 'however, it may kiss my hand if it likes.'

I'd rather not,' the Cat remarked.

Don't be impertinent,' said the King, 'and don't look at me like that!'

He got behind Alice as he spoke.

A cat may look at a king,' said Alice. 'I've read that in some book, but I don't remember where.'

Well, it must be removed,' said the King very decidedly, and he called the Queen, who was passing at the moment, 'My dear!

I wish you would have this cat removed!'

The Queen had only one way of settling all difficulties, great or small.

Off with his head!'

she said, without even looking round.

I'll fetch the executioner myself,' said the King eagerly, and he hurried off.

Alice thought she might as well go back, and see how the game was going on, as she heard the Queen's voice in the distance, screaming with passion.

She had already heard her sentence three of the players to be executed for having missed their turns, and she did not like the look of things at all, as the game was in such confusion that she never knew whether it was her turn or not.

So she went in search of her hedgehog.

The hedgehog was engaged in a fight

un altro riccio, ciò sembrò ad Alice una occasione propizia, per battere a croquet l'uno con l'altro di loro:

ma v'era una difficoltà, il suo fenicottero era andato all'altro lato del giardino, e Alice lo vide che si sforzava inutilmente di volare sopra un albero.

Quando le riuscì di afferrare il fenicottero e lo ricondusse sul terreno, il combattimento era finito, e i due ricci s'erano allontanati: "importa poco," pensò Alice, "poiché tutti gli archi se ne sono andati all'altro lato del terreno."

E se lo acconciò per benino sotto l'ascella, acciocché non scappasse più, e ritornò al micio per riappicciar con lui il discorso.

Ma con sua sorpresa trovò una folla immensa intorno al Ghignagatto: il Re, la Regina, e il boia vociavano tutti e tre insieme, e gli altri erano silenziosi e malinconici.

Appena Alice apparve, i tre si appellarono a lei per risolvere la questione, e le ripeterono i loro argomenti, parlando tutti a una volta, così che era difficile per lei d'intendere che volessero dire.

L'argomento del boia era che: non poteva tagliare una testa se non ci fosse un corpo da cui mozzarla; che non aveva mai avuto a fare una cosa simile innanzi, e che non voleva cominciare a farne a quell'età.

L'argomento del Re era che: ogni essere che ha una testa può essere decapitato, e il boia non doveva dir sciocchezze.

with another hedgehog, which seemed to Alice an excellent opportunity for croqueting one of them with the other:

the only difficulty was, that her flamingo was gone across to the other side of the garden, where Alice could see it trying in a helpless sort of way to fly up into a tree.

By the time she had caught the flamingo and brought it back, the fight was over, and both the hedgehogs were out of sight: 'but it doesn't matter much,' thought Alice, 'as all the arches are gone from this side of the ground.'

So she tucked it away under her arm, that it might not escape again, and went back for a little more conversation with her friend.

When she got back to the Cheshire Cat, she was surprised to find quite a large crowd collected round it:

there was a dispute going on between the executioner, the King, and the Queen, who were all talking at once, while all the rest were quite silent, and looked very uncomfortable.

The moment Alice appeared, she was appealed to by all three to settle the question, and they repeated their arguments to her, though, as they all spoke at once, she found it very hard indeed to make out exactly what they said.

The executioner's argument was, that you couldn't cut off a head unless there was a body to cut it off from: that he had never had to do such a thing before, and he wasn't going to begin at HIS time of life.

The King's argument was, that anything that had a head could be beheaded, and that you weren't to talk nonsense.

L'argomento della Regina era che: se non si faceva presto avrebbe ordinato che tutti quelli che la circondavano fossero decapitati.

(Era questa l'osservazione che aveva dato a tutti quell'aria grave e piena d'ansietà.)

Alice non seppe trovar altro a dire che, "Il gatto appartiene alla Duchessa: fareste bene di consultar LEI su di ciò."

"Ella è in prigione," disse la Regina al boia: "Conducetela qui."

E il boia andò via come una saetta.

Appena il boia sparì, la testa del Gatto andò dileguandosi, e quando ritornò con la Duchessa, era sparita totalmente: il Re e il boia corsero qua e là all'impazzata per ritrovarla, mentre gl'invitati ritornarono a giuocare.

The Queen's argument was, that if something wasn't done about it in less than no time she'd have everybody executed, all round.

(It was this last remark that had made the whole party look so grave and anxious.)

Alice could think of nothing else to say but 'It belongs to the Duchess: you'd better ask HER about it.'

She's in prison,' the Queen said to the executioner: 'fetch her here.'

And the executioner went off like an arrow.

The Cat's head began fading away the moment he was gone, and, by the time he had come back with the Duchess, it had entirely disappeared; so the King and the executioner ran wildly up and down looking for it, while the rest of the party went back to the game.

CAPITOLO IX – CHAPTER IX

STORIA DELLA FALSA TESTUGGINE – The Mock Turtle's Story

"Non potete credere quanto son lieta di ritrovarvi, bambina mia!"

disse la Duchessa, prendendo amichevolmente a braccetto Alice, e camminando insieme.

Alice era lieta di rivederla in tale buon umore, che pensò che forse era il pepe che l'aveva resa tanto irritabile quando la vide in cucina.

"Quando sarò Duchessa," disse fra sé (ma senza troppo sperarlo), "non voglio aver nessun pepe nella mia cucina.

La minestra è buona anche senza. Chi sa che non sia il pepe che rende la gente cotanto piccosa?" continuò tutta lieta d'aver scoperta una specie di nuova teoria,

"è l'aceto che la rende aspra – è la camomilla che la rende amara – e sono i confetti e cose simili che addolciscono il carattere de' bambini.

Vorrei che si conoscesse ciò; le persone non sarebbero tanto tirchie a darcene----" E così discorrendo aveva quasi dimenticata la Duchessa, e trasaltò quando si udì dire all'orecchio.

"Cara mia, voi avete la testa ad altro, e dimenticate di parlare con me.

Non potrei dirvene ora la morale, ma me ne ricorderò fra breve."

"Forse non ne ha," osservò cautamente Alice.

"Che, che, bimba!"

'You can't think how glad I am to see you again, you dear old thing!'

said the Duchess, as she tucked her arm affectionately into Alice's, and they walked off together.

Alice was very glad to find her in such a pleasant temper, and thought to herself that perhaps it was only the pepper that had made her so savage when they met in the kitchen.

When I'M a Duchess,' she said to herself, (not in a very hopeful tone though), 'I won't have any pepper in my kitchen AT ALL.

Soup does very well without--Maybe it's always pepper that makes people hot-tempered,' she went on, very much pleased at having found out a new kind of rule,

and vinegar that makes them sour – and camomile that makes them bitter – and – and barley-sugar and such things that make children sweet - tempered.

I only wish people knew that: then they wouldn't be so stingy about it, you know--' She had quite forgotten the Duchess by this time, and was a little startled when she heard her voice close to her ear.

You're thinking about something, my dear, and that makes you forget to talk.

I can't tell you just now what the moral of that is, but I shall remember it in a bit.'

Perhaps it hasn't one,' Alice ventured to remark.

Tut, tut, child!'

disse la Duchessa.

"Ogni cosa ha la sua morale, purché voi la possiate trovare."

E si strinse più presso ad Alice mentre parlava.

Ad Alice non piacque l'esser così stretta con lei, primo perché la Duchessa era bruttissima, secondo, perché per la sua altezza ella appoggiava il mento sulla spalla d'Alice, ora quel mento era spiacevolmente acuto!

Ma pure non volle essere scortese, e sopportò quella noia come meglio poté.

"Il giuoco va meglio ora," disse così per alimentare la conversazione.

"Eh sì," rispose la Duchessa: "e questa n'è la morale:-- "È amore – è amore – è il paterno d'amore Che fa girare il mondo, – ed il mio cuore!"

"Ma qualcheduno ha detto invece," bisbigliò Alice, "se ognuno badasse alle proprie faccende il mondo girerebbe meglio."

"Bene! Una vale l'altra," disse la Duchessa, e mentre conficcava il suo mento acuto nelle spalle d'Alice, continuò, "e la morale di CIÒ la è questa--'Bada al senso; gli spiccioli si guarderanno da sé.'"

"Come si diletta a trovar la morale in ogni cosa!"

pensò Alice.

"Scommetto che siete sorpresa perché non vi cingo la vita col mio braccio," disse la Duchessa dopo qualche istante, "ma gli è perché non so che razza d'umore abbia il vostro fenicottero.

Facciamo la prova?"

"Potrebbe mordervi," rispose Alice, che non ne voleva di quelli esperimenti.

said the Duchess.

Everything's got a moral, if only you can find it.'

And she squeezed herself up closer to Alice's side as she spoke.

Alice did not much like keeping so close to her: first, because the Duchess was VERY ugly; and secondly, because she was exactly the right height to rest her chin upon Alice's shoulder, and it was an uncomfortably sharp chin.

However, she did not like to be rude, so she bore it as well as she could.

The game's going on rather better now,' she said, by way of keeping up the conversation a little.

'Tis so,' said the Duchess: 'and the moral of that is--"Oh, 'tis love, 'tis love, that makes the world go round!"'

Somebody said,' Alice whispered, 'that it's done by everybody minding their own business!'

Ah, well! It means much the same thing,' said the Duchess, digging her sharp little chin into Alice's shoulder as she added, 'and the moral of THAT is--"Take care of the sense, and the sounds will take care of themselves."'

How fond she is of finding morals in things!'

Alice thought to herself.

I dare say you're wondering why I don't put my arm round your waist,' the Duchess said after a pause: 'the reason is, that I'm doubtful about the temper of your flamingo.

Shall I try the experiment?'

HE might bite,' Alice cautiously replied, not feeling at all anxious to have the experiment tried.

"È vero," disse la Duchessa: "i fenicotteri e la senape pizzicano entrambi,

e la morale è questa--'Chi si rassembra s'assembra.'"

"Ma la senape non è un uccello," osservò Alice.

"Bene, come sempre," disse la Duchessa: "voi dite ogni cosa assai benino!"

"È un minerale, CREDO," disse Alice.

"Certo," rispose la Duchessa, che pareva desiderasse d'acconsentire a tutte le cose che diceva Alice; "qui vicino c'è una grande miniera di senape.

E la morale di ciò è questa-- 'La miniera è la maniera Di gabbar la gente intera.'"

"Oh lo so!"

esclamò Alice, che non aveva badato alle parole della Duchessa, "è un vegetale.

Non ne ha l'apparenza, ma lo è."

"Proprio così," disse la Duchessa, "e la morale di ciò è questa-- 'Siate quello che volete parere'--o se volete che ve lo dica più semplicemente-

-'Non vi crediate mai d'essere altra se non quella che apparite ad altri d'essere o d'essere stata o che possiate essere, e l'esser non è altro che l'essere di quell'essere ch'è l'essere dell'essere, e non altrimenti.'"

"Credo che l'intenderei meglio," disse Alice con molta garbatezza, "se me la scriveste, ma non posso seguirvi con la mente quando la dite."

"Questo è nulla rispetto a quel che potrei dire, se ne avessi voglia," soggiunse la Duchessa, contenta come una pasqua.

"Non v'incomodate a dirne di più lunghe

Very true,' said the Duchess: 'flamingoes and mustard both bite.

And the moral of that is--"Birds of a feather flock together."'

Only mustard isn't a bird,' Alice remarked.

Right, as usual,' said the Duchess: 'what a clear way you have of putting things!'

It's a mineral, I THINK,' said Alice.

Of course it is,' said the Duchess, who seemed ready to agree to everything that Alice said; 'there's a large mustard-mine near here.

And the moral of that is--"The more there is of mine, the less there is of yours."'

Oh, I know!'

exclaimed Alice, who had not attended to this last remark, 'it's a vegetable.

It doesn't look like one, but it is.'

I quite agree with you,' said the Duchess; 'and the moral of that is-- "Be what you would seem to be"--or if you'd like it put more simply

--"Never imagine yourself not to be otherwise than what it might appear to others that what you were or might have been was not otherwise than what you had been would have appeared to them to be otherwise."'

I think I should understand that better,' Alice said very politely, 'if I had it written down: but I can't quite follow it as you say it.'

That's nothing to what I could say if I chose,' the Duchess replied, in a pleased tone.

Pray don't trouble yourself to say it any

di quella che avete recitata or ora," disse Alice.

"Che incomodo!"

rispose la Duchessa. "Vi fo un regalo di tutto ciò che ho detto sino ad ora."

"È un regalo che costa niente," pensò Alice.

"Buono che non fanno di quei' regali ne' giorni natalizi!"

Ma non osò dir questo a voce alta.

"Sempre meditabonda?"

domandò la Duchessa, mentre affondava quel suo mento acuminato sull'omero della bambina.

"Ho ben di che!" rispose vivamente Alice, perché cominciava a sentirsi annoiata.

E la Duchessa, "Come i porci ne hanno di volare: e la mo'---- " qui, con gran sorpresa d'Alice, la voce della Duchessa andò morendo e si spense in mezzo alla parola 'morale' che tanto gradiva; il braccio ch'era nel suo cominciò a tremare.

Alice alzò gli occhi, e vide che la Regina stava davanti ad esse, le braccia conserte, accigliata e spaventevole come un uragano.

"Maestà, che bella giornata!"

balbettò la Duchessa con voce debole e fioca.

"Vi dò a tempo un avvertimento," tuonò la Regina, battendo fieramente il terreno col piede; "o voi o la vostra testa dovranno abbandonare il giardino, e ciò subito!

Scegliete!"

La Duchessa scelse, e fuggì via in un attimo.

"Ritorniamo al giuoco," disse la Regina ad Alice, ma Alice era troppo

longer than that,' said Alice.

Oh, don't talk about trouble!'

said the Duchess. 'I make you a present of everything I've said as yet.'

A cheap sort of present!'

thought Alice. 'I'm glad they don't give birthday presents like that!'

But she did not venture to say it out loud.

Thinking again?'

the Duchess asked, with another dig of her sharp little chin.

I've a right to think,' said Alice sharply, for she was beginning to feel a little worried.

Just about as much right,' said the Duchess, 'as pigs have to fly; and the m--' But here, to Alice's great surprise, the Duchess's voice died away, even in the middle of her favourite word 'moral,' and the arm that was linked into hers began to tremble.

Alice looked up, and there stood the Queen in front of them, with her arms folded, frowning like a tunderstorm.

A fine day, your Majesty!'

the Duchess began in a low, weak voice.

Now, I give you fair warning,' shouted the Queen, stamping on the ground as she spoke; 'either you or your head must be off, and that in about half no time!

Take your choice!'

The Duchess took her choice, and was gone in a moment.

Let's go on with the game,' the Queen said to Alice; and Alice was too much

spaventata, non osò rispondere, e la seguì lentamente sul terreno.

Gl'invitati intanto, profittando dell'assenza della Regina, si riposavano all'ombra: però appena la videro ricomparire, ritornarono ai posti loro; la Regina fece soltanto capir loro che se avessero ritardato un momento avrebbero perduta la vita.

Mentre giuocavano, la Regina continuava a querelarsi con altri giocatori, gridando sempre "Mozzategli il capo!"

oppure "Mozzatele il capo!"

Coloro ch'erano sentenziati a morte, erano mantenuti da soldati che dovevano cessare di servire d'archi al giuoco,

e così in meno di mezz'ora, non c'erano più archi, e tutt'i giocatori, eccettuati il Re la Regina ed Alice, erano guardati e condannati nel capo.

Finalmente la Regina lasciò il giuoco, tutta sbuffante ed anelante, e disse ad Alice, "Hai veduto la Falsa-Testuggine?"

"No," disse Alice.

"Non so neppure che sia la Falsa-Testuggine."

"È quella con cui si fa la minestra, di falsa Testuggine," disse la Regina.

"Non ne ho mai veduto, né udito parlare," soggiunse Alice.

"Vieni dunque," disse la Regina, "ed essa ti racconterà la sua storia." Mentre andavano insieme, Alice sentì che il Re diceva a voce bassa a tutt'i condannati, "Fo grazia a tutti."

"Oh, ne son lieta!"

disse fra sé Alice, perché sapete, la nostra fanciulla era mestissima vedendo

frightened to say a word, but slowly followed her back to the croquet-ground.

The other guests had taken advantage of the Queen's absence, and were resting in the shade: however, the moment they saw her, they hurried back to the game, the Queen merely remarking that a moment's delay would cost them their lives.

All the time they were playing the Queen never left off quarrelling with the other players, and shouting 'Off with his head!'

or 'Off with her head!'

Those whom she sentenced were taken into custody by the soldiers, who of course had to leave off being arches to do this,

so that by the end of half an hour or so there were no arches left, and all the players, except the King, the Queen, and Alice, were in custody and under sentence of execution.

Then the Queen left off, quite out of breath, and said to Alice, 'Have you seen the Mock Turtle yet?'

No,' said Alice.

I don't even know what a Mock Turtle is.'

It's the thing Mock Turtle Soup is made from,' said the Queen.

I never saw one, or heard of one,' said Alice.

Come on, then,' said the Queen, 'and he shall tell you his history,' As they walked off together, Alice heard the King say in a low voice, to the company generally, 'You are all pardoned.'

Come, THAT'S a good thing!'

she said to herself, for she had felt quite unhappy at the number of executions the

tanta gente condannata a morte dalla Regina.

Tosto giunsero vicino a un Grifone, accoccolato e dormente al sole.

(SE voi non sapete che è il Grifone, guardate la vignetta.)

"Su, su, pigro!" disse la Regina, "conducete questa fanciulla a vedere la Falsa-Testuggine che le farà il racconto della sua vita.

Quanto a me debbo tornare indietro per fare eseguire alcune sentenze di morte;" e andò via, lasciando Alice sola col Grifone.

Non piacque ad Alice l'aspetto della bestia, ma poi riflettendo che il rimaner col Grifone non era tanto pericoloso per lei quanto il rimanere con quella selvaggia Regina, stette lì, ed aspettò.

Il Grifone si levò, si stropicciò gli occhi, aspettò che la Regina sparisse totalmente e poi si mise a sghignazzare.

"Che commedia!"

disse il Grifone, parlando un po' a sé stesso, un po' ad Alice.

"Qual' È la commedia?"

domandò Alice.

"È LEI stessa," soggiunse il Grifone.

"È un ruzzo che ha in testa: ma le teste non son mai mozzate per ciò.

Venite!"

"qui ognuno comanda 'Venite!'" osservò Alice, mentre lo seguiva lentamente. "Non sono stata mai così comandata in tutta la mia vita!"

Non si erano di molto inoltrati quando videro a una certa distanza la Falsa-Testuggine, che sedeva mesta e soletta sull'orlo d'una rupe, ed essendosi avvicinati un poco più, Alice sentì che sospirava come se le si spezzasse il cuore.

Queen had ordered.

They very soon came upon a Gryphon, lying fast asleep in the sun.

(IF you don't know what a Gryphon is, look at the picture.)

Up, lazy thing!' said the Queen, 'and take this young lady to see the Mock Turtle, and to hear his history.

I must go back and see after some executions I have ordered'; and she walked off, leaving Alice alone with the Gryphon.

Alice did not quite like the look of the creature, but on the whole she thought it would be quite as safe to stay with it as to go after that savage Queen: so she waited.

The Gryphon sat up and rubbed its eyes: then it watched the Queen till she was out of sight: then it chuckled.

What fun!'

said the Gryphon, half to itself, half to Alice.

What IS the fun?'

said Alice.

Why, SHE,' said the Gryphon.

It's all her fancy, that: they never executes nobody, you know.

Come on!'

Everybody says "come on!" here,' thought Alice, as she went slowly after it: 'I never was so ordered about in all my life, never!'

They had not gone far before they saw the Mock Turtle in the distance, sitting sad and lonely on a little ledge of rock, and, as they came nearer, Alice could hear him sighing as if his heart would break.

Ella n'ebbe compassione.

"perché si duole?"

domandò al Grifone, e il Grifone rispose un po' su un po' giù come dianzi, "È un ruzzo che ha in testa, non ha dolore di sorta.

Venite!"

E andarono verso la Falsa-Testuggine, che li riguardò con certi occhioni ripieni di lagrime, ma senza far motto.

"Questa fanciulla," disse il Grifone, "vorrebbe sentire la vostra storia, vorrebbe."

"Gliela racconterò," rispose la Falsa-Testuggine con voce profonda e sepolcrale. "Sedete, e non dite una parola sin che io abbia terminato."

E sedettero, e per qualche minuto, niuno fiatò.

Intanto Alice osservò fra sé, "Non so come MAI terminerà, se non comincia mai."

Ma aspettò pazientemente.

"Una volta," disse finalmente la Falsa-Testuggine con un gran sospirone "io era una vera Testuggine."

Quelle parole furono seguite da un altro lunghissimo silenzio, interrotto soltanto da qualche "Hjckrrh!"

dal Grifone e da' singhiozzi continui della Falsa-Testuggine.

Alice stava per levarsi e dirle, "Grazie della vostra storia interessante," quando rifletté che essa DOVEVA dire qualche cosa di più, e sedette tranquillamente, senza far motto.

"Quando eravamo piccini," continuò la Falsa-Testuggine, un poco più quieta, ma sempre singhiozzando, "andavamo a scuola, al mare.

La maestra era una vecchia Testuggine-- e noi la chiamavamo Tartaruga----"

She pitied him deeply.

What is his sorrow?'

she asked the Gryphon, and the Gryphon answered, very nearly in the same words as before, 'It's all his fancy, that: he hasn't got no sorrow, you know.

Come on!'

So they went up to the Mock Turtle, who looked at them with large eyes full of tears, but said nothing.

This here young lady,' said the Gryphon, 'she wants for to know your history, she do.'

I'll tell it her,' said the Mock Turtle in a deep, hollow tone: 'sit down, both of you, and don't speak a word till I've finished.'

So they sat down, and nobody spoke for some minutes.

Alice thought to herself, 'I don't see how he can EVEN finish, if he doesn't begin.'

But she waited patiently.

Once,' said the Mock Turtle at last, with a deep sigh, 'I was a real Turtle.'

These words were followed by a very long silence, broken only by an occasional exclamation of 'Hjckrrh!' from the Gryphon, and the constant heavy sobbing of the Mock Turtle.

Alice was very nearly getting up and saying, 'Thank you, sir, for your interesting story,' but she could not help thinking there MUST be more to come, so she sat still and said nothing.

When we were little,' the Mock Turtle went on at last, more calmly, though still sobbing a little now and then, 'we went to school in the sea.

The master was an old Turtle--we used to call him Tortoise--' 'Why did you call

"perché la chiamavate Tartaruga se non era tale?"

domandò Alice.

"La chiamavamo Tartaruga perché c'insegnava a tartagliare," disse la Falsa-Testuggine con dispetto: "Avete poco comprendonio!"

"Vi dovreste vergognare di far questioni tanto semplici," aggiunse il Grifone; e poi zittirono, ed entrambi fissarono gli occhi sulla povera Alice che le pareva sprofondarsi sotterra.

Finalmente il Grifone disse alla Falsa-Testuggine, "Va innanzi, comare!

Ma non andar per le lunghe, sai!"

E così continuò: "Andavamo a scuola al mare, benché voi non lo crediate--"
"Non ho mai detto ciò!"

interruppe Alice. "Ma sì," tuonò la Falsa-Testuggine.

"Zitta!"

soggiunse il Grifone pria che Alice avesse potuto rispondere.

La Falsa-Testuggine continuò:

"Noi fummo educate benissimo-- in fatti andavamo a scuola ogni giorno--"
"Anch'io andava a scuola ogni giorno," disse Alice; "non bisogna vantarsi per così poco."

"E avevate degli extra?"

domandò la Falsa-Testuggine con qualche ansietà.

"Sì," rispose Alice, "imparavamo il Francese e la musica."

"E il bucato?"

disse la Falsa-Testuggine.

"No, davvero!"

disse Alice tutta corrucciata.

"Ah!

La vostra dunque non era una buona scuola," disse la Falsa-Testuggine, come

him Tortoise, if he wasn't one?'

Alice asked.

We called him Tortoise because he taught us,' said the Mock Turtle angrily: 'really you are very dull!'

You ought to be ashamed of yourself for asking such a simple question,' added the Gryphon; and then they both sat silent and looked at poor Alice, who felt ready to sink into the earth.

At last the Gryphon said to the Mock Turtle, 'Drive on, old fellow!

Don't be all day about it!'

and he went on in these words: 'Yes, we went to school in the sea, though you mayn't believe it--' 'I never said I didn't!'

interrupted Alice. 'You did,' said the Mock Turtle.

Hold your tongue!'

added the Gryphon, before Alice could speak again.

The Mock Turtle went on.

We had the best of educations-- in fact, we went to school every day--' 'I'VE been to a day-school, too,' said Alice; 'you needn't be so proud as all that.'

With extras?'

asked the Mock Turtle a little anxiously.

Yes,' said Alice, 'we learned French and music.'

And washing?'

said the Mock Turtle.

Certainly not!'

said Alice indignantly.

Ah!

then yours wasn't a really good school,' said the Mock Turtle in a tone of great

se si sentisse sollevata.

"Nella NOSTRA, c'era alla fine del programma: 'EXTRA: Francese, musica, e BUCATO.'"

"Ma non ne avevate bisogno," disse Alice; "voi vivevate nel fondo del mare."

"Non ho avuto mai mezzi per impararlo," soggiunse sospirando la Falsa-Testuggine.

"Così seguii soltanto i corsi ordinari."

"Cioè?"

domandò Alice.

"A Reggere e Stridere prima di tutto," rispose la Falsa-Testuggine: "e poi le diverse operazioni dell'Aritmetica-- Ambizione, Distrazione, Bruttificazione, e Derisione."

"Non ho mai sentito parlare di 'Bruttificazione,'" disse Alice.

"Che cos'è?'"

Il Grifone levò le due zampe all'aria in segno di sorpresa e esclamò:

"Mai sentito parlare di bruttificazione!

Ma sapete che significa bellificazione, eh?"

"Sì," rispose Alice, ma un po' dubbiosa: "significa – rendere – qualche cosa – più bella."

"Ebbene," continuò il Grifone, "se non sapete che significa bruttificare voi SIETE una sciocca."

Alice non si vedeva incoraggiata a fare altre domande, così si rivolse alla Falsa-Testuggine, e disse, "Che altro dovevate imparare?"

"Ecco, c'era la Stoia," rispose la Falsa-Testuggine, contando i soggetti ad uno ad uno sulle natatoie--"la Stoia antica e moderna con la Geografia: poi il Disdegno--

relief.

Now at OURS they had at the end of the bill, "French, music, AND WASHING-- extra.'"

You couldn't have wanted it much,' said Alice; 'living at the bottom of the sea.'

I couldn't afford to learn it.' said the Mock Turtle with a sigh.

I only took the regular course.'

What was that?'

inquired Alice.

Reeling and Writhing, of course, to begin with,' the Mock Turtle replied; 'and then the different branches of Arithmetic – Ambition, Distraction, Uglification, and Derision.'

I never heard of "Uglification,"' Alice ventured to say.

What is it?'

The Gryphon lifted up both its paws in surprise.

What! Never heard of uglifying!'

it exclaimed.

You know what to beautify is, I suppose?'

Yes,' said Alice doubtfully: 'it means – to – make – anything – prettier.'

Well, then,' the Gryphon went on, 'if you don't know what to uglify is, you ARE a simpleton.'

Alice did not feel encouraged to ask any more questions about it, so she turned to the Mock Turtle, and said 'What else had you to learn?'

Well, there was Mystery,' the Mock Turtle replied, counting off the subjects on his flappers, '--Mystery, ancient and modern, with Seaography: then Drawling--

il Maestro di Disdegno era un vecchio grongo, e veniva una volta la settimana: c'insegnava il Disdegno, il Passaggio, e la Frittura ad Occhio."

"E QUESTA a che rassomigliava ella?" disse Alice.

"Non ve la potrei mostrare," rispose la Falsa-Testuggine, "perché vedete, son tutto d'un pezzo.

E il Grifone non l'ha mai imparata."

"Non ebbi tempo," rispose il Grifone: "ma studiai le lingue classiche, e bene.

Ebbi per maestro un vecchio granchio, sapete."

"Non andai mai da lui," disse la Falsa-Testuggine con un sospiro: "mi dissero che insegnava Catino, e Gretto."

"Proprio così," disse il Grifone, sospirando anche lui, ed entrambe le bestie nascosero la faccia fra le zampe.

"Quante ore di lezione avevate al giorno?"

disse Alice prontamente, per mutare argomento.

"Dieci ore il primo giorno," rispose la Falsa-Testuggine: "nove il secondo, e così discorrendo."

"Che metodo curioso!" esclamò Alice.

"Ma è questa la ragione perché si chiamano lezioni," osservò il Grifone: "perché soffrono lesioni ogni giorno."

Era nuova quell'idea per Alice, e ci pensò su un poco prima di fare quest'altra osservazione.

"Allora avevate vacanza l'undecimo giorno?"

"S'intende," disse la Falsa-Testuggine.

"E come facevate nel duodecimo?"

domandò vivamente Alice.

the Drawling-master was an old conger-eel, that used to come once a week: HE taught us Drawling, Stretching, and Fainting in Coils.'

What was THAT like?' said Alice.

Well, I can't show it you myself,' the Mock Turtle said: 'I'm too stiff.

And the Gryphon never learnt it.'

Hadn't time,' said the Gryphon: 'I went to the Classics master, though.

He was an old crab, HE was.'

I never went to him,' the Mock Turtle said with a sigh: 'he taught Laughing and Grief, they used to say.'

So he did, so he did,' said the Gryphon, sighing in his turn; and both creatures hid their faces in their paws.

And how many hours a day did you do lessons?'

said Alice, in a hurry to change the subject.

Ten hours the first day,' said the Mock Turtle: 'nine the next, and so on.'

What a curious plan!' exclaimed Alice.

That's the reason they're called lessons,' the Gryphon remarked: 'because they lessen from day to day.'

This was quite a new idea to Alice, and she thought it over a little before she made her next remark.

Then the eleventh day must have been a holiday?'

Of course it was,' said the Mock Turtle.

And how did you manage on the twelfth?'

Alice went on eagerly.

Ma il Grifone l'interruppe, e disse con voce risoluta, "Basta in quanto alle lezioni: dille ora qualche cosa dei giuochi."

That's enough about lessons,' the Gryphon interrupted in a very decided tone: 'tell her something about the games now.'

CAPITOLO X – CHAPTER X

LA CONTRODANZA DE' GAMBERI – The Lobster Quadrille

La Falsa-Testuggine fece un gran sospiro e passò il rovescio d'una natatoia sugli occhi.

The Mock Turtle sighed deeply, and drew the back of one flapper across his eyes.

Riguardò ad Alice e cercò di parlare, ma per qualche istante i singhiozzi glielo impedirono.

He looked at Alice, and tried to speak, but for a minute or two sobs choked his voice.

"Ei pare ch'abbia un osso a traverso della gola," disse il Grifone, e si accinse a scuoterla e a batterle la schiena.

Same as if he had a bone in his throat,' said the Gryphon: and it set to work shaking him and punching him in the back.

Finalmente la Falsa-Testuggine ricoverò la voce, e con le lagrime che gli colavano sulle guance, riprese il discorso:-- "Forse voi non siete vissuta lungo tempo nel fondo del mare"--

At last the Mock Turtle recovered his voice, and, with tears running down his cheeks, he went on again:-- 'You may not have lived much under the sea--'

("No, certo," disse Alice)--"e forse non siete stata mai presentata a un Gambero"--(Alice stava per dire "Una volta gustai----" ma inghiottì la frase, e disse, "No mai")--

('I haven't,' said Alice)--'and perhaps you were never even introduced to a lobster--' (Alice began to say 'I once tasted--' but checked herself hastily, and said 'No, never') '–

"così voi non potete farvi una idea della bellezza d'una contraddanza de' Gamberi!"

so you can have no idea what a delightful thing a Lobster Quadrille is!'

"No, davvero," rispose Alice. "Ma ch'è mai la contraddanza de' Gamberi?"

No, indeed,' said Alice. 'What sort of a dance is it?'

"Ecco," disse il Grifone, "prima di tutto si forma una linea lungo la spiaggia----" "Due linee!"

Why,' said the Gryphon, 'you first form into a line along the sea-shore--' 'Two lines!'

gridò la Falsa-Testuggine.

cried the Mock Turtle.

"Foche, testuggini di mare, salmoni e simili: poi quando avete tolti via della spiaggia i polipi viscosi----" "E CIÒ fa perdere molto tempo," interruppe il Grifone."

Seals, turtles, salmon, and so on; then, when you've cleared all the jelly-fish out of the way--' 'THAT generally takes some time,' interrupted the Gryphon.'

---- voi fate un avant-deux." "Ognuno avendo un Gambero per cavaliere,"

--you advance twice--' 'Each with a lobster as a partner!'

gridò il Grifone.

cried the Gryphon.

"Eh, già!" disse la Falsa-Testuggine: "voi fate un avant-deux, poi un balancé----" "---- scambiate i Gamberi, e ritornate en place," continuò il Grifone.

"E poi, capite?" continuò la Falsa-Testuggine, "voi scaraventate i----" "I Gamberi!"

urlò il Grifone, saltando come un matto."

---- nel mare con tutta la vostra forza----" "Indi nuotate dietro a loro!"

strillò il Grifone.

"Fate una capriola nel mare!"

gridò la Falsa-Testuggine, saltellando mattamente qua e là.

"Scambiate di nuovo i Gamberi!"

vociò il Grifone a squarciagola.

"Ritornate a terra di nuovo, e--e questa è la prima figura," disse la Falsa-Testuggine, abbassando la voce tutt'a un tratto, e le due bestie che pur dianzi saltavano follemente, si sdraiarono meste, silenziose, e guardarono Alice.

"Dev'essere una gran bella contraddanza, cotesta," disse timidamente Alice.

"Ne vorreste avere un saggio?" domandò la Falsa-Testuggine.

"Mi piacerebbe di molto," disse Alice.

"Animo dunque, facciamo la prima figura!"

disse la Falsa-Testuggine al Grifone.

"Possiamo farla senza Gamberi, sapete. Chi canterà?"

"Cantate VOI," disse il Grifone.

"Io ho dimenticate le parole."

E cominciarono a ballare gravemente intorno ad Alice, pestandole i piedi quando le si avvicinavano troppo, e

Of course,' the Mock Turtle said: 'advance twice, set to partners--' '--change lobsters, and retire in same order,' continued the Gryphon.

Then, you know,' the Mock Turtle went on, 'you throw the--' 'The lobsters!'

shouted the Gryphon, with a bound into the air.'

--as far out to sea as you can--' 'Swim after them!'

screamed the Gryphon.

Turn a somersault in the sea!'

cried the Mock Turtle, capering wildly about.

Change lobsters again!'

yelled the Gryphon at the top of its voice.

Back to land again, and that's all the first figure,' said the Mock Turtle, suddenly dropping his voice; and the two creatures, who had been jumping about like mad things all this time, sat down again very sadly and quietly, and looked at Alice.

It must be a very pretty dance,' said Alice timidly.

Would you like to see a little of it?' said the Mock Turtle.

Very much indeed,' said Alice.

Come, let's try the first figure!'

said the Mock Turtle to the Gryphon. We can do without lobsters, you know. Which shall sing?'

Oh, YOU sing,' said the Gryphon.

I've forgotten the words.'

So they began solemnly dancing round and round Alice, every now and then treading on her toes when they passed

battendo il tempo con le zampe, davanti, mentre la Falsa-Testuggine cantava adagio adagio, e mestamente:

Nasel disse, a Lumaca--"Cammina un po' più lesta,

Ché un Porcellin di mare--la coda mi calpesta!
-- Già Gamberi e Testudini--sen vengono a fidanza,
E aspettano il segnale--per cominciar la danza.

Volete voi, volete,--volete voi ballare?

Volete voi, volete,--co' Gamberi danzare?

"Che gioia! che delizia!--Innanzi e indietro andremo;
Nel mar scaraventati--co' Gamberi saremo!"

Rispose la Lumaca:--"Ohimè! gli è un po' lontano!

A me non piace un ballo--cotanto ardito e strano!"

Volete voi, volete,--volete voi ballare?

Volete voi, volete,--co' Gamberi danzare?

"Che male!" gli rispose--il candido Nasello,
"Di là c'è un'altra sponda--c'è un suolo assai più bello;

Dall'Adria alla Dalmazia--faremo un salto audace,

Oh non temer, carina,--sta quieta e vivi in pace!

Volete voi, volete,--volete voi ballare?

too close, and waving their forepaws to mark the time, while the Mock Turtle sang this, very slowly and sadly:

-- "'Will you walk a little faster?' said a whiting to a snail.

"There's a porpoise close behind us, and he's treading on my tail.

See how eagerly the lobsters and the turtles all advance! They are waiting on the shingle--will you come and join the dance?

Will you, won't you, will you, won't you, will you join the dance?

Will you, won't you, will you, won't you, won't you join the dance?

"You can really have no notion how delightful it will be When they take us up and throw us, with the lobsters, out to sea!"

But the snail replied "Too far, too far!" and gave a look askance--

Said he thanked the whiting kindly, but he would not join the dance.

Would not, could not, would not, could not, would not join the dance.

Would not, could not, would not, could not, could not join the dance.

"What matters it how far we go?" his scaly friend replied.

"There is another shore, you know, upon the other side.

The further off from England the nearer is to France-- Then turn not pale, beloved snail, but come and join the dance.

Will you, won't you, will you, won't you, will you join the dance?

Volete voi, volete,--co' Gamberi danzare? "

"Grazie tante! è una bella contraddanza," disse Alice, lieta che fosse finita; "e poi quel canto curioso del Nasello mi piace tanto!"

"A proposito dei Naselli," disse la Falsa-Testuggine, "essi sono--voi ne avete veduti, non è vero?"

"Sì," rispose Alice, "li ho veduti spesso a tavo----" e inghiottì il resto della parola.

"Non so dove sia Tavo," disse la Falsa-Testuggine, "ma se voi li avete veduti spesso, sapete che cosa sono."

"Lo credo," rispose Alice, riaccorgendosi. "Hanno la coda in bocca, e son tutti coperti di pan grattato."

"V'ingannate in quanto al pan grattato," soggiunse la Falsa-Testuggine: "le miche di pane sparirebbero nel mare.

Ma essi HANNO però la coda in bocca; e la ragione è questa----" e qui la Falsa-Tartaruga sbadigliò, e chiuse gli occhi.--"Ditegliela voi la ragione," chiese al Grifone.

"La ragione è la seguente," disse il Grifone, "essi VOLLERO andare al ballo co' Gamberi;

e così furono buttati nel mare;

e così fecero il capitombolo molto al di là;

e così si attaccarono la coda in bocca;

e così non potettero distaccarsela più;

e questo è quanto."

"Grazie," disse Alice, "davvero è interessante.

Non ne seppi mai tanto intorno ai naselli."

Will you, won't you, will you, won't you, won't you join the dance?'"

Thank you, it's a very interesting dance to watch,' said Alice, feeling very glad that it was over at last: 'and I do so like that curious song about the whiting!'

Oh, as to the whiting,' said the Mock Turtle, 'they--you've seen them, of course?'

Yes,' said Alice, 'I've often seen them at dinn--' she checked herself hastily.

I don't know where Dinn may be,' said the Mock Turtle, 'but if you've seen them so often, of course you know what they're like.'

I believe so,' Alice replied thoughtfully. 'They have their tails in their mouths-- and they're all over crumbs.'

You're wrong about the crumbs,' said the Mock Turtle: 'crumbs would all wash off in the sea.

But they HAVE their tails in their mouths; and the reason is--' here the Mock Turtle yawned and shut his eyes.--'Tell her about the reason and all that,' he said to the Gryphon.

The reason is,' said the Gryphon, 'that they WOULD go with the lobsters to the dance.

So they got thrown out to sea.

So they had to fall a long way.

So they got their tails fast in their mouths.

So they couldn't get them out again.

That's all.'

Thank you,' said Alice, 'it's very interesting.

I never knew so much about a whiting before.'

99

Posso raccontarti molto più di questo disse Grifone. "Sai perché è chiamato bianchino?"

Non ci avevo mai pensato, disse Alice Perché?

SI FA LE SCARPE E GLI STIVALI.

rispose il Grifone molto solennemente

"Presto, fateci un racconto delle VOSTRE avventure," disse il Grifone.

"Ve ne potrei raccontare cominciando da stamane," disse Alice assai timidamente; "ma è inutile raccontarvi quelle di ieri, perché--ieri io era tutt'altra persona."

"Oh! spiegateci ciò," disse la Falsa-Testuggine.

"No, no! prima le avventure," esclamò il Grifone, impaziente: "le spiegazioni sono lungaggini noiose."

Così Alice cominciò a raccontar loro i casi suoi sin dal momento che incontrò il Coniglio bianco:

ma bentosto cominciò a sentire un poco di paura che le due bestie le si erano appiccicate ai fianchi, slargando gli occhi e spalancando le bocche, però in pochi istanti la piccina si riebbe dal timore.

I suoi uditori si mantennero quieti sino a che ella giunse alla ripetizione del "Guglielmo, tu sei vecchio" da lei fatta al Bruco, e siccome le parole le uscivano tutte diverse dal vero originale, la Falsa-Testuggine fece uno de' suoi sospironi, e disse, "È curioso davvero!"

"È curioso come la curiosità," esclamò il Grifone.

"È uscito fuori tutto diverso!"

soggiunse la Falsa-Testuggine dopo averci riflettuto sopra.

"Vorrei che ella ci recitasse qualche cosa ora.

I can tell you more than that, if you like,' said the Gryphon. 'Do you know why it's called a whiting?'

I never thought about it,' said Alice. Why?'

IT DOES THE BOOTS AND SHOES.'

the Gryphon replied very solemnly.

And the Gryphon added 'Come, let's hear some of YOUR adventures.'

I could tell you my adventures-- beginning from this morning,' said Alice a little timidly: 'but it's no use going back to yesterday, because I was a different person then.'

Explain all that,' said the Mock Turtle.

No, no! The adventures first,' said the Gryphon in an impatient tone: 'explanations take such a dreadful time.'

So Alice began telling them her adventures from the time when she first saw the White Rabbit.

She was a little nervous about it just at first, the two creatures got so close to her, one on each side, and opened their eyes and mouths so VERY wide, but she gained courage as she went on.

Her listeners were perfectly quiet till she got to the part about her repeating 'YOU ARE OLD, FATHER WILLIAM,' to the Caterpillar, and the words all coming different, and then the Mock Turtle drew a long breath, and said 'That's very curious.'

It's all about as curious as it can be,' said the Gryphon.

It all came different!'

the Mock Turtle repeated thoughtfully.

I should like to hear her try and repeat something now.

Dille che cominci."

E guardò il Grifone pensando ch'egli avesse autorità sopra Alice.

"Levatevi," disse il Grifone, "e ripeteteci la canzona piemontese '

Trenta quaranta----'" "Oh come queste bestie comandano! e fanno recitar le lezioni!"

pensò Alice. "Sarebbe lo stesso per me che fossi a scuola."

Ciò non di meno si levò, e cominciò a ripeter quel Canto; ma la sua testolina era tanto piena di Gamberi e di Contraddanze, che non sapeva che si dicesse, e i versi uscirono fuori assai male:

-- "Son trenta e son quaranta"--il Gambero già canta "M'han troppo abbrustolito--mi voglio incipriare,

In faccia a questo specchio--mi voglio spazzolare, E voglio rivoltare--e piedi e naso in su!

"_ "Ma cotesto costi gli è diverso da quello ch' io recitava quando era bimbo," disse il Grifone.

"Non l'ho mai sentito prima," osservò la Falsa-Testuggine; "ma gli è sciocco oltremisura."

Alice non rispose; ma sedette con la faccia nascosta fra le mani, pensando se MAI le cose tornassero una volta al loro corso naturale.

"Vorrei che me lo spiegaste," domandò la Falsa-Testuggine.

"Non sa spiegarlo," disse il Grifone:

"Cominciate la seconda strofa."

"A proposito di piedi,"

continuò la Falsa-Testuggine.

"Come POTEVA egli rivoltarli, e col

Tell her to begin.'

He looked at the Gryphon as if he thought it had some kind of authority over Alice.

Stand up and repeat "'TIS THE VOICE OF THE SLUGGARD,'" said the Gryphon.

How the creatures order one about, and make one repeat lessons!'

thought Alice; 'I might as well be at school at once.'

However, she got up, and began to repeat it, but her head was so full of the Lobster Quadrille, that she hardly knew what she was saying, and the words came very queer indeed:--

'Tis the voice of the Lobster; I heard him declare, "You have baked me too brown, I must sugar my hair."

As a duck with its eyelids, so he with his nose Trims his belt and his buttons, and turns out his toes.'

That's different from what I used to say when I was a child,' said the Gryphon.

Well, I never heard it before,' said the Mock Turtle; 'but it sounds uncommon nonsense.'

Alice said nothing; she had sat down with her face in her hands, wondering if anything would EVER happen in a natural way again.

I should like to have it explained,' said the Mock Turtle.

She can't explain it,' said the Gryphon hastily.

Go on with the next verse.'

But about his toes?'

the Mock Turtle persisted.

How COULD he turn them out with his

naso per giunta?"

"È la prima posizione nel ballo,"

disse Alice; ma era talmente imbarazzata con quell'argomento, che non vedeva il momento di mutar soggetto.

"Continuate la seconda strofa," replicò il Grifone con impazienza; "comincia 'Bianca la sera.'"

Alice non osava disubbidire, benché fosse sicura che la reciterebbe tutt'al rovescio, e disse con voce tremante:

– "Bianca la sera appare
--nel lor giardino, in fretta, Mangiavano un pasticcio
--l'ostrica e la civetta

--"perché ripeterci tutte coteste sciocchezze?" interruppe la Falsa-Testuggine, "se non ce le spiegate?

È una vera Babele di confusione!"

"Sì, fareste meglio di smettere," disse il Grifone, e Alice fu lieta di terminare quella filastrocca.

"Vogliamo provare un'altra figura della contraddanza de' Gamberi?"

continuò il Grifone.

"O preferireste invece una canzona dalla Falsa-Testuggine?"

"Oh sì, una canzona, se la Falsa-Testuggine vorrà cantarcela," rispose Alice, ma con tanta premura che il Grifone gridò con una voce di bestia offesa. "Ah!

Chi può spiegare i gusti altrui?

Compare, cantaci la canzona della Zuppa di Testuggine."

La Falsa-Testuggine sospirò profondamente, e con voce talvolta soffocata da singhiozzi, cantò così:

-- "Astro di sera! O verdeggiante e ricca

nose, you know?'

It's the first position in dancing.'

Alice said; but was dreadfully puzzled by the whole thing, and longed to change the subject.

Go on with the next verse,' the Gryphon repeated impatiently: 'it begins "I passed by his garden."'

Alice did not dare to disobey, though she felt sure it would all come wrong, and she went on in a trembling voice:

-- 'I passed by his garden, and marked, with one eye,
How the Owl and the Panther were sharing a pie--'

'What IS the use of repeating all that stuff,' the Mock Turtle interrupted, 'if you don't explain it as you go on?

It's by far the most confusing thing I ever heard!'

Yes, I think you'd better leave off,' said the Gryphon: and Alice was only too glad to do so.

Shall we try another figure of the Lobster Quadrille?'

the Gryphon went on.

Or would you like the Mock Turtle to sing you a song?'

Oh, a song, please, if the Mock Turtle would be so kind,' Alice replied, so eagerly that the Gryphon said, in a rather offended tone, 'Hm!

No accounting for tastes!

Sing her "Turtle Soup," will you, old fellow?'

The Mock Turtle sighed deeply, and began, in a voice sometimes choked with sobs, to sing this:

-- 'Beautiful Soup, so rich and green,

Zuppa che fumi in concava zuppiera!

In te rapito il cucchiaion si ficca,
E ne riempie una scodella intera!

Astro di sera! deliziosa Zuppa!

In te il mio pan s'inzuppa!

E di te canto--o Zup—pa!
– Canto all'Astro di sera;

Canto la tua bontà, civile Zuppa!

"Astro di sera! E chi sarà lo sciocco
Che a te preferirà sia pesce o caccia,

S'ei di te può comprarne anche un
baiocco
Per lavarsi lo stomaco e la faccia?

Astro di sera! deliziosa Zuppa!
In te il mio pan s'inzuppa!

E di te, canto--o Zup--pa!

Canto all'Astro di sera;

Canto la tua bontà CI--VILE ZUPPA!

"Bis il Coro!"

gridò il Grifone, e la Falsa-Testuggine si
preparava a ripeterlo, quando s'udì una
voce in distanza: "Comincia il
processo!"

"Vieni, vieni!"

gridò il Grifone, e prendendo Alice per
mano, fuggì con lei, senza aspettar la
fine del coro.

"Che processo?"

domandò Alice, tutta affannata mentre
fuggiva, ma il Grifone rispose soltanto
"Vieni!"

e scappava più lesto, mentre il vento
portava sempre più debolmente alle loro
orecchie l'eco fuggevole delle parole
soavi e malinconiche:

-- "Canto all'Astro di sera;
Canto la tua bon--ta ci--vile--Zuppa!

Waiting in a hot tureen!
Who for such dainties would not stoop?

Soup of the evening, beautiful Soup!
Soup of the evening, beautiful Soup!

Beau--ootiful Soo--oop!

Beau--ootiful Soo--oop!

Soo--oop of the e--e--evening,
Beautiful, beautiful Soup!

Beautiful Soup!
Who cares for fish, Game, or any other
dish?

Who would not give all else for two
Pennyworth only of beautiful Soup?
Pennyworth only of beautiful Soup?

Beau--ootiful Soo--oop!

Beau--ootiful Soo--oop!

Soo--oop of the e--e--evening,
Beautiful, beauti--FUL SOUP!'

Chorus again!'

cried the Gryphon, and the Mock Turtle
had just begun to repeat it, when a cry
of 'The trial's beginning!'

was heard in the distance.

Come on!'

cried the Gryphon, and, taking Alice by
the hand, it hurried off, without waiting
for the end of the song.

What trial is it?'

Alice panted as she ran; but the
Gryphon only answered 'Come on!'

and ran the faster, while more and more
faintly came, carried on the breeze that
followed them, the melancholy words:

-- 'Soo--oop of the e--e--evening,
Beautiful, beautiful Soup!'

CAPITOLO XI – CHAPTER XI

CHI HA RUBATO LE TORTE? – Who Stole the Tarts?

E giunsero; e videro che il Re e la Regina di Cuori erano seduti in trono, circondati da una gran folla composta di uccellini, di bestioline e da tutto il mazzo di carte:

The King and Queen of Hearts were seated on their throne when they arrived, with a great crowd assembled about them--all sorts of little birds and beasts, as well as the whole pack of cards:

il Fante stava davanti, incatenato, con un soldato a destra e un altro a sinistra: presso al Re stava il Coniglio bianco con la tromba in una mano, e un rotolo di pergamene nell'altra.

the Knave was standing before them, in chains, with a soldier on each side to guard him; and near the King was the White Rabbit, with a trumpet in one hand, and a scroll of parchment in the other.

Nel mezzo della corte c'era una tavola, con un gran piatto di torte le quali sembravano tanto buone che risvegliarono l'appetito ad Alice

In the very middle of the court was a table, with a large dish of tarts upon it: they looked so good, that it made Alice quite hungry to look at them

--"Vorrei che finissero presto il processo," pensò Alice, "e che ci servissero quelle buone torte!"

-- I wish they'd get the trial done,' she thought, 'and hand round the refreshments!'

Ma siccome non ce n'era neppure la speranza allora, ella cominciò a guardare tutt'intorno per uccidere il tempo.

But there seemed to be no chance of this, so she began looking at everything about her, to pass away the time.

Alice non era stata mai in un tribunale, ma ne aveva letto alcunché ne' libri, e fu lieta di poter chiamare per nome tutti coloro che vedeva.

Alice had never been in a court of justice before, but she had read about them in books, and she was quite pleased to find that she knew the name of nearly everything there.

"Quegli è il giudice," disse fra sé, "perché porta quel gran parruccone."

That's the judge,' she said to herself, 'because of his great wig.'

E il giudice non era altro che il Re, e siccome portava la corona sopra la parrucca (guardate il frontespizio per averne un'idea), era un poco imbarazzato; certo non gli andava bene.

The judge, by the way, was the King; and as he wore his crown over the wig, (look at the frontispiece if you want to see how he did it,) he did not look at all comfortable, and it was certainly not becoming.

"E quello è il seggio de' giurati,"

And that's the jury-box,' thought Alice,

osservò Alice, "e quelle dodici creature," (disse "creature," capite, perché alcune erano bestie, ed altre uccelli), "credo che siano i giurati."

E ripeté queste parole un paio di volte, fiera del suo sapere, poiché pensò, e ne aveva ben d'onde, che pochissime ragazze dell'età sua sapessero ciò.

I dodici giurati erano occupatissimi a scrivere sulle lavagne.

"Che cosa fanno?"

bisbigliò Alice all'orecchio del Grifone.

"Non possono aver nulla da scrivere, perché il processo non è ancora cominciato."

"Scrivono i loro nomi," bisbigliò in risposta il Grifone: "temono di scordarsene prima che il processo sarà finito."

"Sciocchi!"

gridò Alice con voce disdegnosa, ma si fermò subito perché il Coniglio bianco, esclamò, "Silenzio nel Tribunale!"

e il Re inforcò gli occhiali e si mise a riguardare ansiosamente in ogni parte per vedere chi parlasse.

Alice vedeva così bene come se fosse stata dietro le loro spalle, che scrivevano "sciocchi,"

sulle loro lavagne: osservò altresì che uno di loro non sapeva sillabare "sciocchi," e domandava al suo vicino come doveva scriverlo.

"Che ammasso di scarabocchi faranno sulle lavagne prima che il processo sia terminato!"

pensò Alice.

Uno de' giurati aveva una matita che scricchiolava.

'and those twelve creatures,' (she was obliged to say 'creatures,' you see, because some of them were animals, and some were birds,) 'I suppose they are the jurors.'

She said this last word two or three times over to herself, being rather proud of it: for she thought, and rightly too, that very few little girls of her age knew the meaning of it at all. However, 'jury-men' would have done just as well.

The twelve jurors were all writing very busily on slates.

What are they doing?'

Alice whispered to the Gryphon.

They can't have anything to put down yet, before the trial's begun.'

They're putting down their names,' the Gryphon whispered in reply, 'for fear they should forget them before the end of the trial.'

Stupid things!'

Alice began in a loud, indignant voice, but she stopped hastily, for the White Rabbit cried out, 'Silence in the court!'

and the King put on his spectacles and looked anxiously round, to make out who was talking.

Alice could see, as well as if she were looking over their shoulders, that all the jurors were writing down 'stupid things!'

on their slates, and she could even make out that one of them didn't know how to spell 'stupid,' and that he had to ask his neighbour to tell him.

A nice muddle their slates'll be in before the trial's over!'

thought Alice.

One of the jurors had a pencil that squeaked.

Alice non la poteva soffrire, e perciò girò intorno al Tribunale, giunse alle spalle di lui e colse presto l'opportunità per strappargliela.

Ciò fece con tale lestezza che il piccolo giurato (era Tonio, la Lucertola) non seppe che fosse della sua matita; girò qua e là per ritrovarla, ma invano, perciò dovette rassegnarsi a scrivere col dito in tutto il resto della giornata. Ciò valse poco, perché il dito non lasciava traccia alcuna sulla lavagna.

"Usciere, leggete l'atto d'accusa!"

disse il Re.

Allora il Coniglio fece tre squilli di tromba, poi aprì il rotolo delle pergamene, e lesse così:--

"La Regina di Cuori Fè delle torte in un bel dì d'està: L'empio Fante di Cuori Rubò le torte; e certo, a morte andrà!

"Ponderate il vostro verdetto," disse il Re ai giurati.

"Non tanta fretta!"

interruppe vivamente il Coniglio.

"Vi son molte cose da fare prima!"

"Chiamate il primo testimonio,"

disse il Re; e il Coniglio bianco fece tre squilli di tromba, e gridò: "Il primo testimonio!"

Ora il primo testimonio era il Cappellaio.

Venne con una tazza di tè in una mano, una fetta di pane col burro nell'altra.

"Domando perdono alla Maestà Vostra," disse, "se vengo così impacciato; ma il fatto sta ch'io non aveva finito ancora di prendere il tè quando fui chiamato."

This of course, Alice could not stand, and she went round the court and got behind him, and very soon found an opportunity of taking it away.

She did it so quickly that the poor little juror (it was Bill, the Lizard) could not make out at all what had become of it; so, after hunting all about for it, he was obliged to write with one finger for the rest of the day; and this was of very little use, as it left no mark on the slate.

Herald, read the accusation!'

said the King.

On this the White Rabbit blew three blasts on the trumpet, and then unrolled the parchment scroll, and read as follows:

-- 'The Queen of Hearts, she made some tarts,
All on a summer day:
The Knave of Hearts, he stole those tarts,
And took them quite away!'

Consider your verdict,' the King said to the jury.

Not yet, not yet!'

the Rabbit hastily interrupted.

There's a great deal to come before that!'

Call the first witness,'

said the King; and the White Rabbit blew three blasts on the trumpet, and called out, 'First witness!'

The first witness was the Hatter.

He came in with a teacup in one hand and a piece of bread-and-butter in the other.

I beg pardon, your Majesty,' he began, 'for bringing these in: but I hadn't quite finished my tea when I was sent for.'

"Avreste dovuto finirlo," rispose il Re.

"Quando avete cominciato a prenderlo?"

Il Cappellaio guardò la Lepre-marzolina che l'aveva seguito al Tribunale andando a braccetto col Ghiro.

"Credo, al quattordici di Marzo," disse il Cappellaio.

"Al quindici," esclamò la Lepre-marzolina.

"Al sedici," soggiunse il Ghiro.

"Notate queste cose," disse il Re ai giurati, e questi si misero a scrivere con molta premura le tre date, sopra le lavagne, e poi le sommarono riducendole a lire e centesimi.

"Cavatevi il cappello," disse il Re al Cappellaio.

"Non è mio," rispose il Cappellaio.

"È rubato!"

esclamò il Re, rivolto ai giurati, i quali subito presero nota del delitto.

"Ne tengo per venderli," soggiunse il Cappellaio per spiegare il fatto: "Non ne ho di mio.

Sono un cappellaio."

qui la Regina inforcò gli occhiali, guardò fieramente il Cappellaio che allibì di paura.

"Rendete la vostra testimonianza," disse il Re; "e non siate spaventato, altrimenti vi farò subito mozzare il capo."

Queste parole non incoraggiarono punto il testimone: ei non si reggeva più in gambe; guardava ansiosamente la Regina, e confuso, morsicò un bel pezzo del labbro della tazza, invece del pane col burro.

Giusto allora Alice provò una sensazione curiosissima, che la riempì di sorpresa, sino a che potette

You ought to have finished,' said the King.

When did you begin?'

The Hatter looked at the March Hare, who had followed him into the court, arm-in-arm with the Dormouse.

Fourteenth of March, I think it was,' he said.

Fifteenth,' said the March Hare.

Sixteenth,' added the Dormouse.

Write that down,' the King said to the jury, and the jury eagerly wrote down all three dates on their slates, and then added them up, and reduced the answer to shillings and pence.

Take off your hat,' the King said to the Hatter.

It isn't mine,' said the Hatter.

Stolen!'

the King exclaimed, turning to the jury, who instantly made a memorandum of the fact.

I keep them to sell,' the Hatter added as an explanation; 'I've none of my own.

I'm a hatter.'

Here the Queen put on her spectacles, and began staring at the Hatter, who turned pale and fidgeted.

Give your evidence,' said the King; 'and don't be nervous, or I'll have you executed on the spot.'

This did not seem to encourage the witness at all: he kept shifting from one foot to the other, looking uneasily at the Queen, and in his confusion he bit a large piece out of his teacup instead of the bread-and-butter.

Just at this moment Alice felt a very curious sensation, which puzzled her a good deal until she made out what it

rendersene conto:

ella cresceva di nuovo; pensò che sarebbe stato bene per lei di lasciare il Tribunale, ma poi riflettendoci su, volle restare, almeno sino a che vi fosse spazio per lei.

"Vorrei che non pigiaste tanto," disse il Ghiro che le sedeva vicino.

"Posso appena respirare."

"Non posso fare a meno," rispose soavemente Alice: "Vedete, sto crescendo."

"Voi non avete nessun dritto di crescere qui," urlò il Ghiro.

"Non dite delle sciocchezze," gridò Alice, "sapete che anche voi crescete."

"Sì, ma non tanto," soggiunse il Ghiro: "io non cresco a quel modo ridicolo."

E borbottando fra sé, si alzò, e andò a mettersi all'altro lato del Tribunale.

Intanto la Regina non aveva mai sviato il suo sguardo feroce dal Cappellaio, e mentre il Ghiro traversava la sala del tribunale, disse ad un usciere, "Recatemi la lista de' cantanti nell'ultimo concerto!"

A queste parole il Cappellaio tremò a verghe, così che le scarpe gli scappavano da' piedi.

"Rendete la vostra testimonianza," ripeté fieramente il Re, "o vi farò mozzare il capo, poco importa che tremiate o no."

"Maestà, sono un povero sventurato," cominciò il Cappellaio con voce tremante, "ed ho appena cominciato a prendere il tè--non è ancora una settimana--e in quanto al pane col burro che si assottiglia--e alla testa soppressata." "Che soppressata?" esclamò il Re.

was:

she was beginning to grow larger again, and she thought at first she would get up and leave the court; but on second thoughts she decided to remain where she was as long as there was room for her.

I wish you wouldn't squeeze so.' said the Dormouse, who was sitting next to her.

I can hardly breathe.'

I can't help it,' said Alice very meekly: 'I'm growing.'

You've no right to grow here,' said the Dormouse.

Don't talk nonsense,' said Alice more boldly: 'you know you're growing too.'

Yes, but I grow at a reasonable pace,' said the Dormouse: 'not in that ridiculous fashion.'

And he got up very sulkily and crossed over to the other side of the court.

All this time the Queen had never left off staring at the Hatter, and, just as the Dormouse crossed the court, she said to one of the officers of the court, 'Bring me the list of the singers in the last concert!'

on which the wretched Hatter trembled so, that he shook both his shoes off.

Give your evidence,' the King repeated angrily, 'or I'll have you executed, whether you're nervous or not.'

I'm a poor man, your Majesty,' the Hatter began, in a trembling voice, '-- and I hadn't begun my tea--not above a week or so--and what with the bread-and-butter getting so thin--and the twinkling of the tea--' 'The twinkling of the what?' said the King.

"La testa soppressata cominciò col tè," rispose il Cappellaio.

"Sicuro che 'testa' comincia con un T!" disse vivamente il Re.

"M'avete voi preso per un gonzo?

Andate via!"

"Sono un povero sventurato," continuò il Cappellaio, "e dopo il tè, tentennavano tutti,--solo la Lepre-marzolina disse----" "Non dissi niente!"

interruppe con impeto la Lepre-marzolina.

"Lo diceste!"

disse il Cappellaio.

"Lo nego!"

replicò la Lepre-marzolina.

"Lo nega,"

disse il Re: "ebbene lasciate andare."

"Bene, ad ogni modo il Ghiro disse----" e il Cappellaio lo guardò per vedere s'egli pure volesse dargli una mentita: ma il Ghiro non negava, dormiva profondamente.

"Dopo ciò," continuò il Cappellaio, "mi preparai un'altra fetta di pane col burro----" "Ma che cosa disse il Ghiro?" domandò un giurato.

"Non me lo posso ricordare," disse il Cappellaio.

"Voi DOVRESTE ricordarlo," osservò il Re, "se no vi farò mozzare il capo."

Il misero Cappellaio si lasciò cadere la tazza, il pane col burro, e le ginocchia a terra,

e esclamò: "Maestà, sono un povero mortale!"

"Siete un povero oratore," disse il Re.

Qui un porcellino d'India fece un applauso, ma subito fu soppresso dagli uscieri del Tribunale.

It began with the tea,' the Hatter replied.

Of course twinkling begins with a T!' said the King sharply.

Do you take me for a dunce?

Go on!'

I'm a poor man,' the Hatter went on, 'and most things twinkled after that--only the March Hare said--' 'I didn't!'

the March Hare interrupted in a great hurry.

You did!'

said the Hatter.

I deny it!'

said the March Hare.

He denies it,'

said the King: 'leave out that part.'

Well, at any rate, the Dormouse said--' the Hatter went on, looking anxiously round to see if he would deny it too: but the Dormouse denied nothing, being fast asleep.

After that,' continued the Hatter, 'I cut some more bread-and-butter--' 'But what did the Dormouse say?'

one of the jury asked.

That I can't remember,' said the Hatter.

You MUST remember,' remarked the King, 'or I'll have you executed.'

The miserable Hatter dropped his teacup and bread-and-butter, and went down on one knee.

I'm a poor man, your Majesty,' he began.

You're a very poor speaker,' said the King.

Here one of the guinea-pigs cheered, and was immediately suppressed by the officers of the court.

(Ed ecco come fecero:

presero un sacco di canavaccio con de' legacci all'orlo; vi gettarono giù capovolto il porcellino d'India, e poi vi si sedettero sopra.)

"Son contenta d'aver veduto ciò," pensò Alice. "Ho letto tante volte ne' giornali, alla fine de' processi, 'Vi fu un tentativo d'approvazione che fu subito soppresso dagli uscieri del Tribunale,' ma sino ad ora non potetti mai comprendere che volesse dire."

"Se è questo tutto quel che sapete, voi potete ritirarvi," continuò il Re.

qui un altro porcellino d'India fece un applauso, ma fu soppresso.

"Addio, porcellini d'India!

non vi vedrò più!"

disse Alice.

"Ora le cose andranno meglio." "Vorrei piuttosto finire il mio tè," disse il Cappellaio, riguardando con ansietà la Regina, la quale leggeva la lista de' cantanti.

"Potete andare," disse il Re, e il Cappellaio fuggì dal Tribunale, senza nemmeno rimettersi le scarpe."

---- e mozzategli il capo fuori," soggiunse la Regina indirizzandosi ad un ufficiale; ma il Cappellaio era sparito dalla vista, pria che l'ufficiale giungesse alla porta.

"Chiamate l'altro testimonio!" gridò il Re.

Era la cuoca della Duchessa.

Aveva la pepaiola in mano, e Alice indovinò chi fosse, anche prima che

(As that is rather a hard word, I will just explain to you how it was done.

They had a large canvas bag, which tied up at the mouth with strings: into this they slipped the guinea-pig, head first, and then sat upon it.)

I'm glad I've seen that done,' thought Alice. 'I've so often read in the newspapers, at the end of trials, "There was some attempts at applause, which was immediately suppressed by the officers of the court," and I never understood what it meant till now.'

If that's all you know about it, you may stand down,' continued the King.

I can't go no lower,' said the Hatter: 'I'm on the floor, as it is.'

Then you may SIT down,' the King replied.

Here the other guinea-pig cheered, and was suppressed.

Come, that finished the guinea-pigs!' thought Alice.

Now we shall get on better.' 'I'd rather finish my tea,' said the Hatter, with an anxious look at the Queen, who was reading the list of singers.

You may go,' said the King, and the Hatter hurriedly left the court, without even waiting to put his shoes on.'

--and just take his head off outside,' the Queen added to one of the officers: but the Hatter was out of sight before the officer could get to the door.

Call the next witness!' said the King.

The next witness was the Duchess's cook.

She carried the pepper-box in her hand, and Alice guessed who it was, even

entrasse nel Tribunale, perché tutti coloro ch'erano vicini all'uscio cominciarono a starnutire.

"Rendete la vostra testimonianza," disse il Re.

"No," rispose la cuoca.

Il Re guardò con ansietà il Coniglio bianco che mormorò a voce bassa, "Maestà, esaminate da voi stesso QUESTO testimone."

"Bene, se debbo farlo, mi converrà farlo," disse il Re con una cera malinconica, e dopo aver poste le braccia conserte al petto, e fatto gli occhiacci alla cuoca, disse con voce profonda, "Di che sono composte le torte?"

"Di pepe, per la maggior parte," rispose la cuoca.

"Di Melazzo," soggiunse una voce sonnolenta dietro ad essa.

"Afferrate quel Ghiro!" gridò la Regina.

"Tagliategli il capo!

Fuori quel Ghiro!

Sopprimetelo!

Pizzicatelo!

Strappategli i baffi!"

Durante qualche istante il Tribunale fu una vera confusione, mentre il Ghiro era preso; e quando si ristabiliva l'ordine, la cuoca era sparita.

"Non importa!"
disse il Re con un'aria di sollievo.

"Chiamate l'altro testimone."

E bisbigliò all'orecchio della Regina: "Cara mia dovreste esaminar voi l'altro testimone."

Alice stava osservando il Coniglio che

before she got into the court, by the way the people near the door began sneezing all at once.

Give your evidence,' said the King.

Shan't,' said the cook.

The King looked anxiously at the White Rabbit, who said in a low voice, 'Your Majesty must cross-examine THIS witness.'

Well, if I must, I must,' the King said, with a melancholy air, and, after folding his arms and frowning at the cook till his eyes were nearly out of sight, he said in a deep voice, 'What are tarts made of?'

Pepper, mostly,' said the cook.

Treacle,' said a sleepy voice behind her.

Collar that Dormouse,' the Queen shrieked out.

Behead that Dormouse!

Turn that Dormouse out of court!

Suppress him!

Pinch him!

Off with his whiskers!'

For some minutes the whole court was in confusion, getting the Dormouse turned out, and, by the time they had settled down again, the cook had disappeared.

Never mind!'
said the King, with an air of great relief.

Call the next witness.'

And he added in an undertone to the Queen, 'Really, my dear, YOU must cross-examine the next witness. It quite makes my forehead ache!'

Alice watched the White Rabbit as he

ripassava la lista, curiosa di vedere chi mai sarebbe l'altro testimone--"perché SIN' AD ORA non hanno affatto prove," diceva fra sé.

Figuratevi la sua sorpresa, quando il Coniglio bianco chiamò con la sua voce stridula "Alice!"

fumbled over the list, feeling very curious to see what the next witness would be like, '--for they haven't got much evidence YET,' she said to herself.

Imagine her surprise, when the White Rabbit read out, at the top of his shrill little voice, the name 'Alice!'

CAPITOLO XII – CHAPTER XII

TESTIMONIANZA D'ALICE – Alice's Evidence
'Here!'

"Eccomi!" rispose Alice, e dimenticando che in quegli ultimi momenti era cresciuta smisuratamente, saltò su molto lesta, rovesciando col suo gonnellino il palchetto de' giurati, di tal che questi capitombolarono con la testa in giù sulla folla ch'era di sotto, e restarono con le gambe all'aria.

Ciò le rammentò il rovescione che la settimana prima aveva casualmente dato a un globo di cristallo che conteneva dei pesciolini dorati. "Oh, vi PREGO di scusarmi!"

esclamò con voce d'angoscia, e cominciò a raccattarli con molta sollecitudine,

perché piena dell'idea de' pesciolini dorati caduti dal globo, pensava che doveva prontamente raccoglierli e rimetterli nel palchetto de' giurati, se no sarebbero morti.

"Il processo," disse il Re con voce autorevole e grave, "non potrà andare innanzi, se non quando tutt'i giurati saranno rimessi ne' loro propri posti,-- dico TUTTI" soggiunse con molta enfasi, riguardando fieramente Alice.

Alice guardò il palchetto de' giurati, e vide che nella fretta, aveva rimessa la Lucertola col capo in giù, per cui la povera bestiolina agitava la coda al di sopra ma in modo da eccitare la compassione, perché non poteva muoversi.

Subito la estrasse, e la rimise convenientemente; "non già perché importi assai," disse fra sé, "poiché né la sua coda né la sua testa recheranno

cried Alice, quite forgetting in the flurry of the moment how large she had grown in the last few minutes, and she jumped up in such a hurry that she tipped over the jury-box with the edge of her skirt, upsetting all the jurymen on to the heads of the crowd below,

and there they lay sprawling about, reminding her very much of a globe of goldfish she had accidentally upset the week before. 'Oh, I BEG your pardon!'

she exclaimed in a tone of great dismay, and began picking them up again as quickly as she could,

for the accident of the goldfish kept running in her head, and she had a vague sort of idea that they must be collected at once and put back into the jury-box, or they would die.

The trial cannot proceed,' said the King in a very grave voice, 'until all the jurymen are back in their proper places--ALL,' he repeated with great emphasis, looking hard at Alice as he said do.

Alice looked at the jury-box, and saw that, in her haste, she had put the Lizard in head downwards, and the poor little thing was waving its tail about in a melancholy way, being quite unable to move.

She soon got it out again, and put it right; 'not that it signifies much,' she said to herself; 'I should think it would be QUITE as much use in the trial one

vantaggio al processo."

Appena che i giurati si rimisero dal colpo che li aveva rovesciati, e che furono ritrovate le lavagne e le matite, e consegnate loro,

si misero a scarabocchiare con molta premura la storia del loro ruzzolone, salvo la Lucertola che non s'era riavuta e sedeva con la bocca spalancata, e guardando la volta.

"Che cosa sapete di quest'affare?" domandò il Re ad Alice.

"Niente," rispose Alice.

"Niente AFFATTO?"

replicò il Re.

"Niente affatto,"

soggiunse Alice.

"Ciò è molto importante," disse il Re, rivolgendosi ai giurati.

Essi si accingevano a scriverlo sulle lavagne, quando il Coniglio bianco li interruppe: "NON-importante, è questo il senso delle parole di Vostra Maestà," disse con voce rispettosa, ma saettandolo col guardo e facendogli il visaccio mentre parlava.

"NON-importante, già è quel che voleva dire," soggiunse in fretta il Re; e poi si mise a recitar fra' denti "importante – non -importante-- non - importante – importante," come che volesse provare quale delle due parole suonasse meglio all'orecchio.

Alcuni de' giurati scrissero "importante," altri "non-importante."

Alice potette osservarlo, poiché era vicina a loro e poteva sbirciare sulle lavagne; "ma non importa niente," pensò fra sé.

Allora il Re, che era stato occupatissimo a scrivere sul suo taccuino, gridò

way up as the other.'

As soon as the jury had a little recovered from the shock of being upset, and their slates and pencils had been found and handed back to them,

they set to work very diligently to write out a history of the accident, all except the Lizard, who seemed too much overcome to do anything but sit with its mouth open, gazing up into the roof of the court.

What do you know about this business?' the King said to Alice.

Nothing,' said Alice.

Nothing WHATEVER?'

persisted the King.

Nothing whatever,'

said Alice.

That's very important,' the King said, turning to the jury.

They were just beginning to write this down on their slates, when the White Rabbit interrupted: 'UNimportant, your Majesty means, of course,' he said in a very respectful tone, but frowning and making faces at him as he spoke.

UNimportant, of course, I meant,' the King hastily said, and went on to himself in an undertone, 'important – unimportant – unimportant – important--' as if he were trying which word sounded best.

Some of the jury wrote it down 'important,' and some 'unimportant.'

Alice could see this, as she was near enough to look over their slates; 'but it doesn't matter a bit,' she thought to herself.

At this moment the King, who had been for some time busily writing in his note-

"Silenzio!"

e lesse dal suo libriccino "Regola quarantaduesima.

Ogni persona, la cui altezza supera il miglio, deve uscire dal Tribunale."

Ognuno riguardò Alice.

"Io non sono alta un miglio," disse Alice,

"Sì che lo siete," rispose il Re.

"Quasi due miglia d'altezza," soggiunse la Regina.

"Ebbene, poco mi cale, ma non andrò via," disse Alice, "oltre a ciò quella non è una regola regolare; l'avete inventata ora."

"Che! è la più vecchia regola nel libro," rispose il Re.

"Allora dovrebbe essere la regola prima," disse Alice.

Il Re impallidì, e chiuse il taccuino in fretta.

"Ponderate il vostro verdetto," disse, rivolgendosi ai giurati, ma con voce sommessa e tremolante.

"Maestà vi sono altre testimonianze," disse il Coniglio bianco, sbalzando in piedi. "Giusto adesso abbiam trovato questo foglio."

"Che c'è dentro?"

domandò la Regina.

"Non l'ho aperto ancora," disse il Coniglio bianco, "ma sembra una lettera, scritta dal prigioniere a--a qualcheduno."

"Dev'essere così," disse il Re, "salvo che sia stata scritta a nessuno, ciò che non si fa generalmente."

"A chi è indirizzata?"

domandò uno de' giurati.

"Non ha indirizzo di sorta," disse il Coniglio bianco: "di fatti non c'è scritto

book, cackled out 'Silence!'

and read out from his book, 'Rule Forty-two.

ALL PERSONS MORE THAN A MILE HIGH TO LEAVE THE COURT.'

Everybody looked at Alice.

I'M not a mile high,' said Alice.

You are,' said the King.

Nearly two miles high,' added the Queen.

Well, I shan't go, at any rate,' said Alice: 'besides, that's not a regular rule: you invented it just now.'

It's the oldest rule in the book,' said the King.

Then it ought to be Number One,' said Alice.

The King turned pale, and shut his note-book hastily.

Consider your verdict,' he said to the jury, in a low, trembling voice.

There's more evidence to come yet, please your Majesty,' said the White Rabbit, jumping up in a great hurry; 'this paper has just been picked up.'

What's in it?'

said the Queen.

I haven't opened it yet,' said the White Rabbit, 'but it seems to be a letter, written by the prisoner to--to somebody.'

It must have been that,' said the King, 'unless it was written to nobody, which isn't usual, you know.'

Who is it directed to?'

said one of the jurymen.

It isn't directed at all,' said the White Rabbit; 'in fact, there's nothing written

nulla AL DI FUORI."

E spiegò il foglio mentre parlava, e soggiunse, "Somma tutto non è punto una lettera; è un accozzaglia di versi."

"Son dessi scritti dalla mano del prigioniere?"

domandò un giurato.

"No, non lo sono," rispose il Coniglio bianco, "ed è questa la più strana di tutte le cose."

(I giurati si riguardarono confusi).

"Forse egli ha imitata la scrittura di qualcheduno," disse il Re.

(qui i giurati si rasserenarono).

"Maestà," disse il Fante, "non li ho scritti, e niuno potrebbe provarmi l'opposto. E poi non c'è nessuna firma alla fine."

"Il non averlo firmato," rispose il Re, "prova doppiamente il vostro delitto.

Voi DOVEVATE avere l'intenzione d'offendere, se no, da galantuomo avreste firmato il foglio."

Tutti applaudirono, e con ragione, perché era quello il primo detto spiritoso che il Re avesse detto in quel giorno.

"Ciò PROVA il suo delitto," esclamò la Regina.

"Ciò non prova niente affatto!"

disse Alice.

"Ma se non sapete neppure ciò che contiene il foglio!"

"Leggetelo," disse il Re.

Il Coniglio bianco inforcò gli occhiali, e domandò:

"Maestà, dove debbo incominciare?"

"Cominciate dal principio," disse il Re con tuono solenne, "e continuate sino alla fine: poi fermatevi."

on the OUTSIDE.'

He unfolded the paper as he spoke, and added 'It isn't a letter, after all: it's a set of verses.'

Are they in the prisoner's handwriting?'

asked another of the jurymen.

No, they're not,' said the White Rabbit, 'and that's the queerest thing about it.'

(The jury all looked puzzled.)

He must have imitated somebody else's hand,' said the King.

(The jury all brightened up again.)

Please your Majesty,' said the Knave, 'I didn't write it, and they can't prove I did: there's no name signed at the end.'

If you didn't sign it,' said the King, 'that only makes the matter worse.

You MUST have meant some mischief, or else you'd have signed your name like an honest man.'

There was a general clapping of hands at this: it was the first really clever thing the King had said that day.

That PROVES his guilt,' said the Queen.

It proves nothing of the sort!'

said Alice.

Why, you don't even know what they're about!'

Read them,' said the King.

The White Rabbit put on his spectacles.

Where shall I begin, please your Majesty?'

he asked.

Begin at the beginning,' the King said gravely, 'and go on till you come to the end: then stop.'

Or questi erano i versi letti dal Coniglio bianco:

These were the verses the White Rabbit read:

–"Ella vi fece un grazioso invito,
Ed a lui mi voleste rammentar,
E quindi ella mi dètte il ben servito,
Ma mi disse: Non sai mica nuotar.

-- 'They told me you had been to her,
And mentioned me to him:
She gave me a good character,
But said I could not swim.

Ch'io non la visitai, disse pur dianzi,
(E questo è il vero, e ognun di noi lo sa),
Ma se lei spingerà la cosa innanzi,
Oh dite, allor di voi che ne avverrà?

He sent them word I had not gone
(We know it to be true):
If she should push the matter on,
What would become of you?

Una a lei detti, ed essi due le diedero,
E voi men deste tre col sopra più;
Tutte a voi ritornarono--oh mistero!
Eppure erano mie, or nol son più.

I gave her one, they gave him two,
You gave us three or more;
They all returned from him to you,
Though they were mine before.

Se dessa od io per caso inopinato
Involti in quest'affare ci vedremo,
Confido in voi che ognun sia liberato;
Come prima fra noi li rivedrem.

If I or she should chance to be
Involved in this affair,
He trusts to you to set them free,
Exactly as we were.

Spiegarmi alfine mi sarà concesso;
(Già, sapete, un attacco ella, sentì),
Ma voi foste per lui, per noi, per esso
L'ostacolo fatale che la colpì.

My notion was that you had been
(Before she had this fit)
An obstacle that came between
Him, and ourselves, and it.

Non gli dite giammai che preferisca
Costoro,
--ciò debb'essere un mister,
Un secreto che altrui non apparisca,
Un secreto nascosto nel pensiero.

Don't let him know she liked them best,
For this must ever be
A secret, kept from all the rest,
Between yourself and me.'

"È questo il più importante documento contro l'accusato," disse il Re, stropicciandosi le mani; "or dunque i giurati--"

That's the most important piece of evidence we've heard yet,' said the King, rubbing his hands; 'so now let the jury--'

"Se uno di loro potesse spiegarmelo," disse Alice (la quale era talmente cresciuta in quegli ultimi istanti che non aveva più paura d'interrompere il Re), "gli darei cinquanta centesimi.

If any one of them can explain it,' said Alice, (she had grown so large in the last few minutes that she wasn't a bit afraid of interrupting him,) 'I'll give him sixpence.

Io non credo che vi sia in esso neppure un briciolo di senso comune."

I don't believe there's an atom of meaning in it.'

I giurati scrissero tutti sulle lavagne, "ELLA non crede che vi sia in esso neppure un briciolo di senso comune," ma niuno cercò di spiegare il senso di quel foglio.

The jury all wrote down on their slates, 'SHE doesn't believe there's an atom of meaning in it,' but none of them attempted to explain the paper.

"Se non c'è senso comune," disse il Re, "ciò ci toglie da un mondo d'imbarazzi, e noi certo non ci affanneremo per trovarvene uno.

Eppure non saprei," continuò spiegando il foglio sul ginocchio, e sbirciando la poesia; "ma mi pare di vedere un senso occulto in essi

--'disse--NON SAI MICA NUOTAR'--voi non potete nuotare, non è vero?"

continuò, rivolgendosi al Fante.

Il Fante scosse mestamente il capo, e disse,

"Ne ho io l'apparenza?"

(E certamente, NO, perché era fatto tutto di cartone).

"Bene per ora," disse il Re, e continuò fra sé stesso a borbottare su' versi: "'E QUESTO È IL VERO, E OGNUN DI NOI LO SA'--ciò si riferisce ai giurati, non c'è dubbio-- UNA A LEI detti, ED ESSI DUE GLI DIÊRO'--ciò spiega l'uso ch'egli fece delle torte, intendete--" "Ma," disse Alice, "continua con le parole 'TUTTE A VOI RITORNARONO.

" "Già, esse sono là,"

disse il Re con un'aria di trionfo, indicando le torte ch'erano sulla tavola.

"Niente di più chiaro di CIÒ.

Continua--'GIÀ, SAPETE, UN ATTACCO ELLA SENTÌ'--voi non aveste mai degli attacchi nervosi, cara mia, non è vero?"

soggiunse, rivolgendosi alla Regina. "Non mai!"

tuonò furiosamente la Regina, e in quell'istante scagliò un calamaio al capo della Lucertola.

(Il povero Tonietto aveva abbandonato l'uso di scrivere col dito sulla lavagna,

If there's no meaning in it,' said the King, 'that saves a world of trouble, you know, as we needn't try to find any.

And yet I don't know,' he went on, spreading out the verses on his knee, and looking at them with one eye; 'I seem to see some meaning in them, after all."

--SAID I COULD NOT SWIM--" you can't swim, can you?'

he added, turning to the Knave.

The Knave shook his head sadly.

Do I look like it?' he said.

(Which he certainly did NOT, being made entirely of cardboard.)

All right, so far,' said the King, and he went on muttering over the verses to himself: "'WE KNOW IT TO BE TRUE--" that's the jury, of course--"I GAVE HER ONE, THEY GAVE HIM TWO--" why, that must be what he did with the tarts, you know-- 'But, it goes on "THEY ALL RETURNED FROM HIM TO YOU,'" said Alice.

Why, there they are!'

said the King triumphantly, pointing to the tarts on the table.

Nothing can be clearer than THAT.

Then again-- "BEFORE SHE HAD THIS FIT--" you never had fits, my dear, I think?'

he said to the Queen. 'Never!'

said the Queen furiously, throwing an inkstand at the Lizard as she spoke.

(The unfortunate little Bill had left off writing on his slate with one finger, as

perché s'era accorto che non vi lasciava traccia alcuna; ma ora si rimise sollecitamente all'opera, usando l'inchiostro che gli gocciolava sulla faccia, e l'usò sinché n'ebbe).

"Dunque queste parole non si attaccano, a voi," disse il Re, guardando con la bocca sorridente tutt'intorno al Tribunale.

E vi fu gran silenzio.

"È un bisticcio!"

soggiunse il Re, con voce irata, e tutti allora risero. "Che i giurati ponderino il loro verdetto," ripeté il Re, forse per la ventesima volta in quel giorno.

"No, no!"

disse la Regina.

"Prima la sentenza--poi il verdetto."

"Ma che sciocchezze!"

esclamò Alice ad alta voce.

"Che idea d'aver prima la sentenza!"

"Tacete!"

gridò la Regina, tutta infiammata in viso.

"No certo!"

disse Alice.

"Decapitatela!"

urlò la Regina con tutta la voce che aveva in gola.

Ma niuno si mosse.

"Chi vi stima? chi vi teme?"

disse Alice, (allora era cresciuta di tanto che giungeva alla sua statura naturale).

"Voi non siete altro che un mazzo di carte!"

Appena disse queste parole tutto il mazzo si sollevò in aria furiosamente, e poi si rovesciò sopra la fanciulla:

ella dette un piccolo strillo, un po' commossa dalla paura, un po' dall'ira, e

he found it made no mark; but he now hastily began again, using the ink, that was trickling down his face, as long as it lasted.)

Then the words don't FIT you,' said the King, looking round the court with a smile.

There was a dead silence.

It's a pun!'

the King added in an offended tone, and everybody laughed, 'Let the jury consider their verdict,' the King said, for about the twentieth time that day.

No, no!'

said the Queen.

Sentence first--verdict afterwards.'

Stuff and nonsense!'

said Alice loudly.

The idea of having the sentence first!'

Hold your tongue!'

said the Queen, turning purple.

I won't!'

said Alice.

Off with her head!'

the Queen shouted at the top of her voice.

Nobody moved.

Who cares for you?'

said Alice, (she had grown to her full size by this time.)

You're nothing but a pack of cards!'

At this the whole pack rose up into the air, and came flying down upon her:

she gave a little scream, half of fright and half of anger, and tried to beat them

cercò di respingerle da sé, ma si ritrovò sul poggio, col capo appoggiato sulle ginocchia di sua sorella la quale le toglieva con molta delicatezza alcune foglie appassite ch'erano cadute sulla sua faccia.

"Risvegliati, Alice cara!"

le disse la sorella; "che buona dormitona hai fatto, eh!"

"Oh! ho avuto un sogno tanto curioso!"

disse Alice, e raccontò alla sorella, il meglio che per lei si potesse tutte le strane Avventure che avete lette sino ad ora; e quando finì, sua sorella la baciò, e le disse, "È STATO davvero un sogno curioso, cara mia: ma ora, va' subito a prendere il tè; è già tardi."

E così Alice si levò, e, andò via, pensando mentre correva, al sogno straordinario che aveva avuto.

Ma sua sorella rimase colà, e col capo appoggiato alla mano, tutta intenta a riguardare il sol cadente, e riflettendo sulla piccola Alice e sulle sue Avventure meravigliose, cadde in una specie d'assopimento, e sognò talcosa simile a questo:

-- Prima di tutto sognò la piccola Alice:--con le sue manine delicate e congiunte sulle ginocchia di lei, e co' suoi grandi occhi lucenti fissi in lei. Poteva sentire il vero suono della sua voce, e vedere quello strano agitarsi della sua testolina per rigettare indietro i capelli che volevano per forza velarle il viso:

--e mentre era tutta intenta ad ascoltare, o sembrava che fosse così, tutto il luogo che la circondava si animò, popolandosi di quelle creature vedute nel sogno dalla sua sorellina.

L'erba rigogliosa stormiva sotto di lei,

off, and found herself lying on the bank, with her head in the lap of her sister, who was gently brushing away some dead leaves that had fluttered down from the trees upon her face.

Wake up, Alice dear!'

said her sister; 'Why, what a long sleep you've had!'

Oh, I've had such a curious dream!'

said Alice, and she told her sister, as well as she could remember them, all these strange Adventures of hers that you have just been reading about; and when she had finished, her sister kissed her, and said, 'It WAS a curious dream, dear, certainly: but now run in to your tea; it's getting late.'

So Alice got up and ran off, thinking while she ran, as well she might, what a wonderful dream it had been.

But her sister sat still just as she left her, leaning her head on her hand, watching the setting sun, and thinking of little Alice and all her wonderful Adventures, till she too began dreaming after a fashion, and this was her dream:

-- First, she dreamed of little Alice herself, and once again the tiny hands were clasped upon her knee, and the bright eager eyes were looking up into hers--she could hear the very tones of her voice, and see that queer little toss of her head to keep back the wandering hair that WOULD always get into her eyes--

and still as she listened, or seemed to listen, the whole place around her became alive with the strange creatures of her little sister's dream.

The long grass rustled at her feet as the

mentre il Coniglio bianco scappava via--il Sorcio spaventato s'apriva, sguazzando, una via in mezzo dello stagno vicino

--poteva sentire il rumore delle tazze, mentre la Lepre-marzolina e gli amici suoi partecipavano a quel loro perenne pasto--udiva la voce strillante della Regina che mandava i suoi invitati al patibolo

--anche una volta il bimbo porcellino starnutiva sulle ginocchia della Duchessa, mentre i tondi e i piatti volavano d'ogni intorno

--anche una volta l'urlo del Grifone, lo scricchiolio della matita della Lucertola, la soppressione de' porcellini d'India riempivano l'aria, sposati al singhiozzar lontano della miserabile Falsa-Testuggine.

E sedette, con gli occhi a metà chiusi, e quasi si credette davvero nel paese delle Meraviglie; benché sapesse che, aprendo gli occhi, tutto sarebbe mutato in realtà desolante

--avrebbe sentito l'erba stormire all'agitar del vento--avrebbe veduto lo stagno increspato a causa delle canne--il rumore delle tazze si sarebbe mutato nel tintinnio dei campanelli delle pecore, e la voce stridente della Regina nella voce del pastorello

--e gli starnuti del bimbo, l'urlo del Grifone, e tutti gli altri strepiti curiosi, si sarebbero mutati (e lei n'era persuasa) nel rumore confuso d'una fattoria,

e il muggito lontano degli armenti avrebbe surrogato i profondi singhiozzi della Falsa-Testuggine.

Finalmente, volle figurarsi la sua sorellina già cresciuta e diventata donna,--conservare ne' suoi anni maturi il cuore affettuoso e semplice della sua fanciullezza

White Rabbit hurried by--the frightened Mouse splashed his way through the neighbouring pool

--she could hear the rattle of the teacups as the March Hare and his friends shared their never-ending meal, and the shrill voice of the Queen ordering off her unfortunate guests to execution

--once more the pig-baby was sneezing on the Duchess's knee, while plates and dishes crashed around it

--once more the shriek of the Gryphon, the squeaking of the Lizard's slate-pencil, and the choking of the suppressed guinea-pigs, filled the air, mixed up with the distant sobs of the miserable Mock Turtle.

So she sat on, with closed eyes, and half believed herself in Wonderland, though she knew she had but to open them again, and all would change to dull reality

--the grass would be only rustling in the wind, and the pool rippling to the waving of the reeds--the rattling teacups would change to tinkling sheep-bells, and the Queen's shrill cries to the voice of the shepherd boy

--and the sneeze of the baby, the shriek of the Gryphon, and all the other queer noises, would change (she knew) to the confused clamour of the busy farm-yard

--while the lowing of the cattle in the distance would take the place of the Mock Turtle's heavy sobs.

Lastly, she pictured to herself how this same little sister of hers would, in the after-time, be herself a grown woman; and how she would keep, through all her riper years, the simple and loving

--raccogliere intorno a sé altre fanciulle, e far LORO brillare gli occhi beandoli con storielle curiose e strane, e forse anche col sogno delle Avventure nel Paese delle Meraviglie,

e con quanta simpatica tenerezza avrebbe ella stessa partecipato alle loro innocenti angosce, e con quanta letizia alle loro gioie, riandando i beati giorni della fanciullezza, e le gioconde giornate dell'estate.

heart of her childhood:

and how she would gather about her other little children, and make THEIR eyes bright and eager with many a strange tale, perhaps even with the dream of Wonderland of long ago:

and how she would feel with all their simple sorrows, and find a pleasure in all their simple joys, remembering her own child-life, and the happy summer days.

Il passaparola è molto importante per qualsiasi autore per avere successo. Se il libro ti aiuta ad imparare le lingue, allora considera cortesemente di lasciare una recensione su Amazon. Anche se si tratta solamente di una o due righe, sarebbe ugualmente un grande aiuto.

Amazon IT: amazon.it/dp/B012J6V5GA

Se vuoi ricevere un'email automatica quando un nuovo libro viene lanciato, iscriviti qui (http://eepurl.com/bkN_Ff). Verrai contattato solamente se un nuovo libro viene lanciato, e puoi cancellare la sottoscrizione in qualsiasi momento e il tuo indirizzo non verrà più utilizzato.

Se vuoi migliorare ulteriormente le tue capacità linguistiche, altri libri che adoperano lo stesso allineamento sono:

Inglese – Francese:

The Picture of Dorian Gray (con Audio) (Thriller Mystery e Psicologico)
The Snow Queen (Favola di H.C. Andersen)

Inglese – Tedesco:

The Red-Headed League (Un mystery di Sherlock Holmes)
Alice in Wonderland (libro classico per Bambini)
The Wonderful Adventures of Nils (L'avventura di Nils Holgersson con le oche selvaggie)
The Snow Queen (Favola di H.C. Andersen)
The Picture of Dorian Gray (Thriller Mystery e Psicologico)

Tedesco – Francese:

Die Schneekönigin (Favola di H.C. Andersen)
Das Bildnis des Dorian Gray (Thriller Mystery e Psicologico)

Saluti!

Per qualsiasi commento, suggerimenti al miglioramento del libro o altri commenti concernenti l'apprendimento linguistico, contattami cortesemente attraverso blog@forum-sprachen-lernen.com, oppure visita il mio blog su www.forum-sprachen-lernen.com/blog.

Maggiori libri bilingue, prodotti per la costruzione del vocabolario ed altri pacchetti di lingue si possono trovare su forum-sprachen-lernen.com

Nota:

Printed in Germany
by Amazon Distribution
GmbH, Leipzig